E Pallucc ru
Monologhi & Gag

a cura di Marco Giusti
con uno scritto di Cesare Garboli

Einaudi

© 1996 Giulio Einaudi editore s.p.a., Torino

Si ringrazia la Casa editrice Theoria per aver gentilmente concesso l'utilizzo di alcuni testi di questo volume.

ISBN 88-06-14184-8

E l'alluce fu

In queste pagine, trascritte, asciugate da dichiarazioni sui giornali, da interviste originali in tanti anni diversi, da apparizioni in TV e dai celebri monologhi teatrali, c'è una scoperta, che è poi la ragione di esistere del libro. Può essere vero che un testo di Benigni vive *anche* di come lui lo dice, di come muove il corpo. Eppure la semplice unione dei suoi testi e delle sue battute, che sono spesso citazioni, riletture, gag verbali, formano una vera e propria narrazione da autore. Cosí ci piacerebbe saperne di piú su ognuno dei temi che compongono l'indice di questo libro. Ci piacerebbe capire fino a che punto Benigni può portare avanti un'improvvisazione, un gioco di parole, un monologo sulla Creazione del mondo o sul Giudizio universale. Come davanti a tutte le storie raccontate nel letto di mamma prima di andare a dormire, o il pomeriggio con gli amici quando si è ragazzi.

È d'obbligo infine ricordare i nomi di Giuseppe Bertolucci e di Vincenzo Cerami che hanno collaborato con Roberto Benigni, in momenti diversi, alla stesura dei suoi monologhi teatrali.

MARCO GIUSTI

In principio

Caro e stimatissimo lettore, non era mai capitato prima. Tu ignori ciò che possiedi. Questo libro che hai appena acquistato per poche migliaia di lire appartiene a quella rarissima categoria degli autori «scritti» e non «scriventi».

Ci sono solo altri due casi nella storia: tutto il pensiero di Socrate e i Vangeli. In entrambi i casi gli autori non hanno mai scritto una riga, si sono limitati a declamare in vita i loro monologhi e le loro gag finché Platone nel primo caso, e gli evangelisti nel secondo, non ne hanno fatto un libro.

Con questo libro che tu, o lettore, stai sfogliando, si rinnova per la terza e forse ultima volta questa forma di letteratura. Con una novità non da poco. Infatti, mentre nei due casi precedenti al nostro i libri sono stati scritti dopo la morte dell'autore, in questo caso l'autore è ancora vivo e può scrivere un commento di apertura. Questo libro è un miracolo irripetibile. Pensate all'*Apologia* o al *Critone* con la prefazione di Socrate o al Vangelo con la quarta di copertina scritta da Gesú. Ecco, quello che avete tra le mani è un libro di tal fatta. Quando escono libri come questo siamo di fronte ai momenti piú alti della storia del pensiero universale. È perciò anche molto pericoloso. Infatti i miei due predecessori (che adesso con l'uscita di questo libro verranno meglio compresi, perché un grande si crea i suoi predecessori) sono stati entrambi uccisi dal potere vigente. Uno crocefisso e l'altro avvelenato con la cicuta. La vittoria di Romano Prodi e dell'Ulivo mi ha sottratto a una morte orrenda. Infatti se questo libro fosse uscito con il Polo delle libertà al potere sarei stato condannato, come Socrate, alla morte per avvelenamento mediante ingerimento di una decina di bistecche di mucca pazza. E comunque, come Socrate, le avrei mangiate! Sí, avrei fatto come lui. Tutti i miei piú cari amici intorno che cercano di convincermi a ritrattare, a fuggire, ma io no, come Socrate avrei masticato tranquillamente le bistecche aspettando che il morbo della mucca pazza si manifestasse facendomi dire una prima frase sconnessa tipo: «Viva la Padania!»

A quel punto i miei amici avrebbero capito che la fine era imminente e al mio ultimo rantolo: «Se... cess.. ione!» mi avrebbero chiuso gli occhi con amorosa pietà. Oppure, se avessero voluto emulare i fatti accaduti all'altro mio collega, avremmo avuto Buttiglione che chiede al popolo: «Chi volete libero? Benigni o Previti?» Alla risposta del popolo esultante: «Previti!», Buttiglione si sarebbe lavato le mani, Veltroni avrebbe dichiarato per tre volte di non conoscermi, Ferrara si sarebbe impiccato a un albero, Rosy Bindi mi avrebbe asciugato il volto sudato dando luogo alla Sacra Bindone e Fini mi avrebbe torturato al costato nel tentativo di farmi dire: «Spezziamo le reni alla Grecia!» Ma tutto ciò non è avvenuto e tu puoi godere, o lettore, di questa prefazione. In questo libro, come negli altri due dei miei compagni di collana, ci sono verità inconfutabili. Anzi, oserei dire che in questo libro si materializza il pensiero espresso dagli altri due. Si passa dalla forma al contenuto mediante un impietoso filo rosso. Da «io so di non sapere» a «gli ultimi saranno i primi» a «Berlusconi è un bischero», i tre pensatori sono assolutamente coerenti. Ma non voglio togliervi il piacere di scoprire da soli la continuità del pensiero universale. Questo libro è un atto dovuto.

Ringrazio Einaudi per averlo pubblicato; so che ha già avuto l'ordinazione da tutti gli alberghi del mondo per metterlo sul comodino di ogni stanza, quindi è un successo annunciato. Dite agli amici di comprare questo libro perché le copie vanno a ruba. Se qualcuno comunque lo perdesse sappiate che Einaudi uscirà entro breve con una nuova edizione-cofanetto insieme agli altri due autori dal titolo: *Da Socrate a Gesú a Benigni. Tappe di un'evoluzione*.

Quando penso a Berlusconi

Politicamente corretto Fermiamoci al concetto politico corretto: Berlusconi è un bischero. Fa schifo, no?

Berlusconi L'uomo che possiede tutto, che se compra «La Repubblica» non va in edicola, ma passa direttamente alla direzione e si porta via anche l'«Espresso» e l'intera Mondadori. Sempre con quel doppiopetto anni '30, sembra la parodia di un gangster: Al Cafone.

Berlinguer Secondo me Berlinguer, insieme a Gozzano, è uno dei piú grossi poeti del '900. Lui era un buddista, aveva quella dolcezza indiana, quella calma, una via di mezzo tra Budda e Gozzano, una signorina Felicita di Nuova Delhi.

Al raduno dell'Ulivo Ero a Milano e mi sono fatto prestare la Uno Bianca di Borrelli per venire qui. Tra poco vi devo lasciare perché alle 18 ho una merenda con Mancuso. Con l'Ulivo ho un rapporto di amore-olio.

Destra e sinistra Certo la destra viene meglio perché è naturalmente piú dotata per suscitare le risate. È come i carabinieri. Perché si fanno tante barzellette sui carabinieri e nessuna sui poliziotti? Mistero. Comunque mi sforzerò anche di sfottere la sinistra. Veltroni-D'Alema: Kennedy contro Molotov. Magari regge.

Il comunismo Il comunismo viene da sé, anche senza Berlinguer. Il comunismo è come prima di farsi la prima sega: si viene a letto, da sé. Si fa: Dio bono, cosa mi è successo? Niente, o fanciullo, sei venuto. Quello che non funzionava, ora funziona. Ecco il comunismo. Cosí il popolo è come un ragazzo prima di farsi la prima sega. S'arriva la mattina da sé. Cosa è successo? Niente, o popolo, sei venuto. Quello che non funzionava, ora funziona.

Boniver Lasciatemi abbracciare una rarità: un socialista ancora libero!

Andreotti È un personaggio edificante, che spinge il pubblico giovane a identificarsi in lui. Farci un film? Sembra che non ceda i diritti. Chiedete a Riina, dice.

Berlusconi Il partito di Silvio l'ho inventato io. Ci avevamo messo cinquant'anni a creare una classe politica di ladri, e Di Pietro in un mese li ha fatti fuori tutti. Bella roba, e noi comici chi si prende piú in giro? Cosí, con Berlusconi, abbiamo deciso di rifare tutto daccapo. Magari ci metteremo sei anni, a ricreare una bella classe politica di ladri e di corrotti, ma poi noi comici torneremo finalmente a lavorare.

Fini L'ho incontrato una volta sola. Fini non è una persona che si possa giudicare avendolo visto una volta sola. E io non ho intenzione di rivederlo.

Bossi La Lega è sacrosanta, a Catanzaro se ne sentiva il bisogno. E poi mi è bastato lo slogan: «la Lega ce l'ha duro». Mi ha subito fatto capire la serietà del partito.

Un milione di posti di lavoro Non è un caso che tutti si sono messi a fare i comici e cosí è uscito un milione di posti di lavoro.

Berlusconi Fin da piccolo disse: «O divento Presidente del Consiglio o niente». È riuscito a diventare tutt'e due.

Berlinguer Lo conoscevo bene, l'ho preso anche in braccio, era una persona che sprizzava roba buona.

Berlusconi L'ho conosciuto: gli ho dato la mano, mi ha lasciato tutt'olio, è proprio unto dal Signore, è proprio una cosa tutta unta, gli si mette un po' d'aceto e di sale e viene un'insalata, con Berlusconi, che è una cosa eccezionale.

D'Alema e Veltroni Secondo me sono comunisti. Io sono stato una volta a mangiare a casa loro. M'hanno detto: «Vieni Benigni, vieni che ceniamo coi bambini». Sono andato là e ho capito cosa intendevano. C'era un pentolone enorme, un bollito, mi sono messo a mangiare, ho preso un piedino io, una cosina, è proprio lo zoccolo duro. Ho detto: «Guardate che io non mangio piú niente», poi sono andato a pigliare il digestivo da Fini, lui si è bevuto due bicchieri di olio di ricino, due manganellate a testa e ci siamo addormentati.

Prodi Lui lo rovinano se fanno le elezioni a giugno perché c'è anche il Giro d'Italia e quindi non saprebbe a cosa presentarsi, se, diciamo, alle elezioni o al Giro d'Italia. Bisognerebbe spostare le elezioni. Però, diciamo, ci avrei anche lo slogan: con Prodi te la godi.

Gerardo Bianco Vuole cambiare il segno della croce in un modo che mi sembra complicato, lo vuole fare circolare invece che rettangolare. Insomma mi sembrano delle belle discussioni, ci siamo buttati sulla filosofia. Sul misticismo. È un momento politico mistico.

Fini Tutti pensano che Fini sia fascista, ma non lo è, lui invece è un sessantottino, sta a destra solo per strategia politica, lui è di sinistra.

Tatarella Fondamentalmente è un togliattiano. Sono momenti, hanno visto che quella parte, la destra, era vuota e si sono buttati lí.

Gava Hanno fatto Gava ministro dell'Interno: sarebbe come fare il Mostro di Firenze presidente dei ginecologi.

Bossi Lo sfido a batacchio di ferro.

Bertinotti Sono d'accordo con lui: bisogna tassare la Nato e uscire dai Bot.

Luigi Spaventa Sexy, un misto fra Benedetto Croce e Lilli Gruber.

Bossi Bossi non ce l'ha tanto duro. Ha uno dei piselli piú mosci della storia politica. Per farglielo tornare duro a Bossi non serve neanche la Schiffer, ci vuole Copperfield in persona.

Berlinguer Una sera in Sardegna sono andato a cena con lui. Per stare un po' con me fece chiudere le porte, prese un dolce, una Charlotte, la mangiò con grande calma e mi raccontò due o tre barzellette sarde. C'era anche il proprietario del ristorante e c'era anche Tatò, ridevano tutti e risi anch'io, fortissimo. Finsi di aver capito il sardo, non è che alla fine potevo dire: «Ma come sarebbe in italiano?»

Matrimoni Sposerò Stefania Craxi, perché se Bettino ha fatto sindaco il marito di sua sorella, a me che sposerò sua figlia mi farà vescovo.

Cusani Se dici ladro a Cusani ti fa causa. Non ladro, allora, ma individuo che i soldi che ha non sono frutto del suo lavoro ma presi a chi era di spalle.

Chiesa e Pds Papa Wojtyla segretario del Pds? Ma questa è un'idea strepitosa. Wojtyla e D'Alema, cosí li sfondiamo e magari Ratzinger va al posto della Jotti.

Novità Che fa Berlusconi? Sí, quello col fratello inquisito, quello pieno di debiti, l'amico di Craxi. Fa il Presidente del Consiglio? No, non ci credo.

Vacca Augusta Ma poi questi, Mach di Palmstein, la contessa Vacca Augusta telefonava a Silvio che atterrava con l'elicottero. Pronto, Silvio? Sono la Vacca Augusta, vieni che tra mezz'ora arriva anche la Marchesa Maiala. Un'orgia, un'orgia continua.

Patteggiamento Adesso c'è il patteggiamento. Quando uno piglia dieci anni va dal giudice e decide se deve farsi dieci anni a San Vittore o due anni alle Bahamas con un'attrice. Però se la fai grossa ti mandano a Hammamet con l'autista...

Mafia e ministri Hanno organizzato una partita «ministri contro mafiosi»: praticamente un'amichevole. L'hanno organizzata ma dopo non si riconoscevano tra di loro, tutti passavano la palla a tutti.

Berlusconi La vittoria di Berlusconi sarebbe un pericolo per la cultura? No, è la cultura un pericolo per Berlusconi.

Ferrara Giuliano Ferrara va a cavallo? E la protezione animali cosa dice?

Previti C'ha una faccia, ragazzi, che fa effetto all'intestino, io l'ho conosciuto e non l'ho voluto piú vedere Previti, se lo conosci lo eviti.

Gianni De Michelis In Libia l'hanno scambiato per Claudio Cecchetto.

Andreotti Fa schifo ai lombrichi ignudi. Scusa Giulio, si scherza.

Democristiani Possibile non ci sia verso di trovare un democristiano intelligente, scusate la contraddizione in termini...

Ceausescu Il popolo rumeno ha cacciato un dittatore che in tutti questi anni non è riuscito a rubare tanti soldi quanti ne sono serviti a Berlusconi per comprare la Standa.

I socialisti e Dio I socialisti sono quelli cui Nostro Signore fa giustamente piú attenzione. Infatti i Dieci Comandamenti in origine erano otto. Poi Dio ha aggiunto gli ultimi due apposta per i socialisti: «non desiderare la roba d'altri», «non desiderare la donna d'altri».

Sesso e politica nella Prima Repubblica Chissà come ce l'hanno tutto messo male, immaginarsi Spadolini ignudo come lo fa Forattini, con l'edera qui... – Abbiamo deciso all'unanimità di fare l'amore...

Ciriaco, Ciriaco De Mita dice ce l'ha piccino cosí... Ce l'ha come quando nacque: proprio come Natura crea, Ciriaco conserva... C'ha proprio un affarino, Ciriaco, c'ha un affarino piccinissimo... Pannella, pure Pannella, scheda bianca, astensionismo... Andreotti anche lui, non c'ha niente, gli è venuta la gobba a forza di cercarselo tutti i giorni... – Eppure ieri ce l'avevo. Ma dove me l'hanno messo?

Non c'ha piú niente, Andreotti, gli s'è allungato l'orecchio per vedere se lo sente. Gira ma non trova niente...

Andreotti e il suo governo Andreotti è uno proprio che fa schifo all'intestino, è uno che fa proprio effetto al corpo umano, una cosa d'una schifezza... Lo ritiran sempre fuori, sempre lí pronto ad aspettare.

– Aah... mi rifacessero Presidente del Consiglio...

Uno schifo! Ha messo su un governo... ma veramente da fare schifo ai lombrichi ignudi, una cosa da schiantare.

C'ha messo dentro i socialisti: De Michelis, ministro degli Esteri... Ora, si può mettere ministro uno come De Michelis? Uno che ha scritto un libro, *Le cento piú belle discoteche d'Europa*... Ora dice ne ha in preparazione un altro, *Le quindici piú belle puttane di Reggio Emilia*. Fa tutta una serie. Ma se un segretario del Partito Socialista scrive un libro sulle discoteche, allora la storia del Partito Socialista chi la scrive, Bobby Solo? Non il ministero degli Esteri, ma il mini-stereo degli Esteri gli dovevan dare!

Gheddafi non l'ha proprio riconosciuto. Dice:

– Questo è il ministro degli Esteri? No, che mi pigli per il culo... andiamo!

L'ha scambiato per Claudio Cecchetto, aveva letto il libro... Questo De Michelis, a Venezia ora fa l'Expo 2000 perché è il feudo suo, Venezia. Gli hanno fatto fare lí il concerto dei Pink Floyd e ha rovinato proprio tutto. Venezia è diventata la toilette d'Italia, tutti a pisciá all'aperto, c'era un puzzo fino a Assisi, si moriva. La gente sull'autostrada diceva:

– Oh, fermati un secondo a Venezia, devo pisciare.

È diventato il grill dell'Italia. L'hanno detto pure all'estero, hanno fatto vedere i servizi in televisione, c'era gente che non aveva mai visto Venezia, dice:

– Madonna come pisciano in Italia...

Ma perché non avverti come sta la situazione prima? Perché i socialisti non hanno idea di cosa sia la toilette. Quando c'è stato ora il Festival del Cinema davano i biglietti e un pappagallino a testa, si so' organizzati. I socialisti, De Michelis, Craxi... non sanno cos'è il bagno. Sono degli sporcaccioni spaventosi.

Poi, dico, ma si organizza un concerto dei Pink Floyd a Venezia? Coi bassi degli strumenti hanno rovinato gruppi marmorei bizantini, stavano per far crollare Piazza San Marco. Ma non s'organizza un concerto dove c'è l'opera d'arte, no? È pericoloso per l'opera d'arte, sarebbe come se io organizzassi un comizio di Spadolini sulla Torre di Pisa. Me la fa crollare.

– Via di sotto! Via, Diavolo!

Insomma, dico, per organizzare 'ste cose ci vuole un minimo di sensibilità, di psicologia...

Psicologia... psichiatria... psicoanalisi... psicosi... psicotico... psicopatologia... Strano: tutte 'ste scienze che studiano i malati di mente cominciano tutte per «psi», non so se vi siete resi conto! Sarà un caso ma è curioso...

Insomma questo Partito Socialista... che poi è partito socialista ma è arrivato democristiano!

Andreotti È uno furbo, c'ha la nomea di essere ironico, intelligente. Ora, c'ha le fotografie con tutti i piú grossi schifosi del mondo vivente umano e mai una prova contro di lui. C'ha le foto con Gelli, quello schifosone, e c'è Andreotti sorridente... Con Calvi, Sindona, Caltagirone e mai una prova. Sarebbe come se a me mi vedon fotografato, non so, con il Mostro di Firenze. Dice:

– Però, Benigni è un bravo ragazzo!

Oh te che dici? Non gli è mai riuscito pigliarlo! Dice che è un grande intellettuale, Andreotti. A casa c'ha tutta l'opera omnia di Calvino. Perché pensa siano volumi che ha scritto Calvi quand'era piccino! È un grande cattolico Andreotti, conoscitore dei Vangeli. Sa proprio i Vangeli a memoria. A casa c'ha una grande reliquia di quando andò a trovarlo Sindona. S'asciugò in bagno e lasciò la sacra sindona, ce l'ha ancora a casa lí ferma!

Poi dice che è un grande conoscitore di gialli, un intellettuale. Da Hammet a Chandler a Simenon, Maigret, Ubaldo Lay: li conosce tutti. Ma mica per leggerli, per fare la battuta, no? Compra un monte di gialli a chili, poi li mette da parte. Quando invita Licio Gelli a casa dice:

– Buonasera, tu Licio Gelli? Io Lí c'ho i Gialli!

E ridono a schiantarsi, una cosa da morí...

Forlani Un bischero come Forlani segretario del maggior partito italiano: la Democrazia Cristiana! Segretario d'azienda già sarebbe stato troppo! È uno Forlani che quando parla non dice mai nulla, non ha mai un'idea. Però l'espone molto bene. Sembra sempre che faccia la prova del microfono.

– Uno due tre... la Democrazia Cristiana... la puttanaccia della miseria!

Non dice mai nulla. Quando appare in TV non incide proprio la pellicola. Secondo me non c'è nemmeno Forlani. Gli hanno fatto miliardi di fotografie e non vien mai nulla, non si vede proprio. La gente ci si mette a sedere sopra:

– Oh scusa Arnaldo, non t'avevo visto!

Sembra uno del suo seguito. La moglie pensa d'essere la Madonna. Ha detto:

– Io c'ho due figlioli, non ho mai fatto l'amore con nessuno... so 'na sega io...

Non si riesce a capire chi cazzo sia 'sto Forlani, non si riesce a vedere proprio.

Martelli Andreotti ha detto: – Ragazzi! Io faccio il Presidente del Consiglio ma come Vicepresidente del Consiglio non mi rompete i coglioni, datemi uno che non capisce niente, un imbecille... – Tàh, Martelli! Gli hanno messo lí Martelli.... Martelli... è bellino, a parte che con questa storia dello spinello in Kenia l'ha fatta lunga, è uno che fuma come un maiale, che si fa... lo poteva dire subito:

– Guardate ragazzi, non mi dite niente di Malindi, non mi ricordo nulla perché ero completamente fatto...

E se la cavava no? Invece l'ha fatta lunga... Ora sono uscite le Martelli senza filtro, sono da sballo... Martelli è un cagnolino, tutto quello che gli dice Craxi lo fa, obbedisce proprio a tutto. C'ha un pedigree strepitoso. Il suo cantante preferito è Joe Cocker. Il babbo era un prete, veniva dalla Germania, da Bonn: un prete germanico, praticamente un pastore tedesco. Poi ha lavorato in banca e ha inventato il fido bancario... S'è sposato e la moglie l'ha lasciato che s'era rotta i coglioni di portarlo a pisciare tutte le sere alle undici. S'è risposato e ha avuto sette figli, cinque l'hanno affogati, due l'hanno tenuti, uno l'hanno dato a Craxi che in suo onore l'ha chiamato Bobo... Bobo Craxi. A volte va in calore e c'è la moglie che chiama il veterinario perché quando va in calore Martelli a volte rimane attaccato. Avete visto ch'è sempre con De Michelis, mica perché sono amici, rimangono proprio attaccati!

Donat Cattin In realtà si chiama Donato Catini, è un imbecille qualsiasi. C'aveva un negozio di ferramenta, vendeva tegami. L'hanno fatto ministro della Sanità, Sua Sanità Donat Cattin. Con questo nome alla francese per darsi tono. Si è occupato di Aids, no? A parte che ha fatto venire il virus a tutt'Italia. C'aveva sempre quel cappello che sembrava uno spermatozoo. Poi ha mandato in crisi il ministero delle Poste con quella biscerata, la lettera ai capifamiglia contro l'Aids, non so se ve la ricordate. Un miliardo di francobolli per delle stronzate bestiali. Io quella lettera l'ho letta, diceva: «Se non volete pigliare l'Aids non trombate. La vostra figliola mettetela in casa. Per i maschi mettete una cosa di plastica, se non c'avete niente anche un sacchetto della cooperativa. Un bel nodo».

Poi disse la famosa frase: «L'Aids chi non se lo va a cercare non se lo prende». Ma porca madoska, un ministro della Sanità dice una frase cosí? Come se io vado dal dottore e dico:

– Guardi, c'ho la polmonite...

– Cccazzo me ne frega a me, 'mporta 'na sega!
E questo sarebbe il ministro della Sanità. Ora questo qui s'è occupato per sei anni di Aids e improvvisamente brum... ministro del Lavoro. Ora, e che fa, gli fa mettere il preservativo ai metalmeccanici? Come cazzo fa a intendersi del ministero del Lavoro?

Un ministero è una specializzazione È come per i dottori, non è che l'otorinolaringoiatra si intende di cose cardiache. Gli dici:
– Oh te, fai il cuore...
Ogni volta che c'è una crisi cambiano i ministri. Quello del Lavoro all'Economia, quello dell'Economia al Bilancio, quello del Bilancio alle Partecipazioni Statali... Ma come fanno a intendersi di tutto? Tanto intelligentoni non mi sembrano... E non ho mai sentito un ministro che quando dice:
– Guardi lei, gli diamo il Bilancio...
– No! Non me lo dia, perché non ci capisco nulla, la ringrazio ma io non ci intendo niente...
Invece sembra sempre la materia sua! Dice:
– Guardi lei, Partecipazioni Statali...
– Cazzo, proprio la materia mia! Io fin da piccolo ho sempre partecipato... statalmente! L'ho detto proprio alla mi' mamma: mamma, voglio partecipare all'azionariato statale io... è proprio la materia mia!
Ma un ministero è una specializzazione, non è che uno può fare da qui a là da qui a là, è come quando cambia il direttore di una clinica...
– Guardi lei, è cambiato il direttore della clinica, cambio dei dottori... Lei ginecologo, va a fare il dentista! Lei dentista, ginecologo!
Quando il dentista si mette a fare il ginecologo, gli arriva la prima paziente e che cosa gli dice?
– Buongiorno signora... Oh, qui bisogna mettere la

dentiera! Signora, ma qui non c'è rimasto nulla! Signora! Ma è anche muta? SIGNORA...!

Scusate l'esempio pecoreccio, ma la cosa sta proprio cosí.

Cirino Pomicino Come si chiama? Cirino Pomicino... e ho detto tutto... Cirino Pomicino. Che c'entra, ognuno c'ha il nome che si ritrova, ma un ministro del Bilancio Cirino Pomicino...

– Allora, Cirino Pomicino, l'hai fatto il bilancino...? Cirino vieni qua! Non piangere... mangia! Che poi cresci e diventi Cirone Pomicione...

Vengono da una razza proprio medievale, il babbo era Ciraccio Pomiciaccio, uno tremendo. Poi, il ministro del Bilancio sta sempre con il ministro delle Finanze, che si chiama Rino Formica. Cirino e Rino sembrano Sussi e Biribissi...

– Cirino, c'hai un cerino pe' Rino?
– No, Rino. Non ce l'ho il cerino, c'ho l'accendino...
– Bravo Cirino, dài l'accendino pe' Cirino pe' Rino...
– Ma di chi è questo micino, di Pomicino?
– Bello il micino di Pomicino!
– Vieni Rino, c'è il micino di Pomicino...

È una cosa... il circo Togni della politica internazionale in Europa...

De Lorenzo Alla Sanità hanno cambiato. C'hanno messo De Lorenzo al posto di Donat Cattin. Dice, è un dottore, gli italiani saranno contenti. Se ci sta un dottore alla Sanità, la prossima volta alla Difesa metteranno un cane lupo!

Beneficenza Maria Pia Fanfani fa beneficenza. Sí, aiutiamo questi poveri che c'hanno bisogno. La moglie di De Mita s'è messa a fare beneficenza anche lei. E pure la moglie di Bush e la moglie di Reagan facevano beneficenza. Ma perché fanno tutte beneficenza? Secondo me c'hanno un senso di colpa per via dei mariti. Praticamente è la... restituzione! La restituzione della refurtiva la chiaman beneficenza.

La crisi Questa qui è una delle crisi piú lunghe. Io la seguivo questa crisi. È durata sessantasei giorni. Nessuno c'ha fatto caso ma io ho fatto il calcolo perché Andreotti è furbo: una settimana è sette giorni, sette per nove sessantatre, piú tre sessantasei: nove settimane e mezzo... C'abbiamo il governo piú erotico del mondo. S'è presentato Andreotti in giarrettiera, viene a tutti voglia di trombare.

Strategia C'avevo un piano di terrorismo pacifico straordinario. Il terrorista ha sbagliato ed è scemo perché ha avuto l'idea di ammazzare. L'idea non è di far morire, l'idea è di non far nascere! Il terrorista vero doveva andare dalla mamma e il babbo di Fanfani settanta ottant'anni fa, una sera che li trovava erotici, e fermarli.
– Ferma, signora Fanfani! Pillola stasera! Pillola!!!
– Perché?
– Può nascere robaccia, non si sa mai!
Doveva fermar prima anche il babbo e la mamma di Andreotti!
– Signor Andreotti, preservativo! Fermo lí, pericoloso! Può nascer mostri anche cosí!
Invece noi si vive nell'angoscia: si sa chi muore ma non si sa chi nasce. Quando è nato Fanfani se n'è accorto nessuno? Ragazzi, c'è scappato di mano veramente. L'hanno lasciato crescere – non eccessivamente, però – insomma un po' ce l'hanno fatta, c'ha fregato tutti!

Preferenze Tutti del resto sanno che io sono del Psdi, e ora mi sento orfano perché Nicolazzi mi ha abbandonato in questo deserto ideologico.

Agnelli Agnelli ci rovina con le macchine. Dice: «Io vi do il benessere». Ma è meglio poveri in un giardino che ricchi in un garage.

Scemi e cattivi Quelli che ci governavano prima erano cattivi, quelli di adesso sono scemi. Io preferisco i cattivi perché almeno ogni tanto si riposano.

San Francesco L'aspetto piú comico della vita italiana è il fatto che siamo il popolo di San Francesco e votiamo sempre per il piú ricco. Come si presenta uno che c'ha un monte di soldi, zac, vince. È piú facile che un cammello passi dalla cruna dell'ago che un ricco vada nel Regno di Dio... Non so se ultimamente è stato dai sarti, ci hanno degli aghi con delle crune che ci passan delle carovane, o si va tutti all'inferno.

Come si dice in Scozia Questi politici sono tutti, come si dice in Scozia, figli di mignotta.

Lo sventrapapere

Sesso Ma cosa avete voi donne che attira cosí l'omo? Me lo avete a dire, oramai sono giunto all'età. Devo sapere cosa c'avete in quella zona là, giusto per saperlo. C'hai un trattore? Un treno? La Firenze Mare? La galleria del Monte Bianco? Fammi vedere un secondo, giusto per vedere un attimo quell'affare là. Mai visto? Sí, qualche volta sí, a dir la verità. Ma come mai attira tanto l'omo quell'azienda là? Piero Angela dov'è? Angela, ma lei che ha fatto il viaggio dentro il corpo umano me lo vuol dire che cosa c'è là nella donna? Già, si è fermato prima perché lí è zona pericolosa. [...] L'hanno messa al centro del corpo perché cosí non ci si sbaglia mai. Come si chiama da piccini? La gattina, la chitarrina, la passerottina, la fisarmonica... ognuno le ha messo il nome suo, la picchia, la crepaccia, per i napoletani è la pucchiacca! È bellissima, è focosa... La tacchina, la topa, la sorca, la patonza, la bernarda, la gnocca, la gnacchera, l'anonima sequestri. Poi i termini medici, la vulva... Oh, la vulva fa paura, guarda che vulva! È spaventosa. Ce n'è anche per quello maschile: pisello, pisellino, pistolino, pipino, poi quando si cresce il randello, la banana, la verga, la mazza, il cetriolo, il pesce, l'uccello, lo sventrapapere, lo spaccapassere, il Blackedecker, il piú lo butti giú e piú ritorna su...

Le cifre Nel mondo ne nasce diecimila al secondo! Bestia della miseria, ho detto, diecimila al secondo! Questo vuol dire che minimo minimo, ora, in questo secondo qui, ce n'è diecimila, anzi ventimila – perché sono in due, vero? – che sono lí... onzipapparàtataretatatà... minimo... Poi, con tutti gli attrezzi che c'è oggi per non restare incinta e quelli che non vogliono figli: quanti staranno facendo l'amore in questo... Secondo me siamo gli unici imbecilli che invece di far l'amore siamo qui a vedere il Benigni! Io sarei per tuffarmi: «Grande ammucchiata al Teatro Tenda! Mai vista un'orgia simile dai tempi di Lucullo! Anche le forze dell'ordine coinvolte: nati venti carabinieri in mezz'ora!»

Dio L'aveva capita subito. Ha detto: «Crescete e moltiplicatevi». Cosí la notte si sentiva: «Sette per otto, due per uno, dài Luisa, quattro per sei». Pitagora era la Moana Pozzi dell'antichità, si andava dal giornalaio a chiedere la tavola pitagorica.

Erotismo Certe volte faccio veramente schifo, altre volte faccio godere come delle vipere chiunque mi si avvicini.

Le donne A me mi hanno rovinato le donne: troppo poche!

Edipo Freud lesse quel libro di Sofocle. Chiamò il suo segretario: «Giorgio, senti, che ne dici di questo Edipo?» Chissà, se avesse letto Pinocchio avrebbe inventato il complesso di Geppetto.

La mamma La parte piú femminile dei genitori.

Edipo Dicono che il complesso di Edipo abbia sviluppato tutto. Il desiderio di ammazzare il padre e di far l'amore con la madre. E per forza. Sei lí tutto nudo con lei che ti cura e ti accarezza e arriva lui e se la porta via.

Le donne Modestamente a parte, le donne sono òmini anche loro, nonostante le sian donne...

Storia Può darsi che anticamente l'omo avesse piú organi sessuali: tre piselli, da cui la famosa frase: «Che cazzo vuoi?»

Eros e poesia ...A questo punto tutto è similitudine sessuale... Da *La colonna infame* al *Passero solitario* al *Pendolo di Foucault*, non si finirebbe piú.

La ficaaa Una sera mi arrivò in un urlo, in un boato: «La ficaaa» con tante di quelle a che parevano uscire da sottoterra, da un vulcano. Era una voce che si liberava con gaudio.

Le donne Per me le donne sono la parte essenziale delle cose femminili del mondo. Tutto quello che riguarda il femminile fa parte della donna e viceversa. Quindi penso che la donna come essere vivente sia la cosa piú opposta alla virilità che ci possa essere. Penso che è inutile che facciamo delle tesi dicendo... che la donna è l'uomo. No, la donna ha in seno quello che l'uomo non ha. Infatti l'uomo non ha il seno.

115, 89 Io uso centoquindici parole per dire fica e ottantanove per dire cazzo. La gente è lí, frastornata, pensa che dopo trenta o quaranta non arrivi.

Le donne Era la festa della donna, io mi sono presentato lí e le ho provocate un po', ma in maniera simpatica, ho detto:
– Buonasera, brutte maialone.
Si sono arrabbiate, erano settecento e qualcuna è salita sul palco, ha cominciato a tirarmi calci nelle parti basse.

Spogliato/vestito Mi son detto: se essere cosí ben vestito da Armani dà tali brividi di piacere, chissà che emozione si prova a essere spogliato da Valentino...

Piselli di fuori Agnelli ha lanciato mode tremende. Quando andava con l'orologio di fuori dalla camicia e tutti con l'orologio di fuori dalla camicia, la cravatta fuori dalla giacca e tutti la cravatta fuori dalla giacca, ora speriamo che non vada in giro con il pisello fuori dai pantaloni perché sennò l'italiano andrà in giro in questa maniera! Agnelli è tremendo!

Le donne incinte Possono fare l'amore solo se sono già incinte e non c'è pericolo, ma per rimanere incinte bisogna che facciano l'amore senza essere incinte, ma allora hanno paura di rimanere incinte... Non lo potranno fare mai!

Matrimonio Non è vero che mi sono sposato: l'ha scritto «Eva Express» e subito lo hanno ripreso anche i giornali minori come «Panorama», «Corriere della sera», «Stampa»...

Sesso e natura La storia è la cronaca delle nostre infelicità. È un patimento continuo, e uno si chiede perché la natura, quando noi nasciamo, non fa distinzioni tra greci, spagnoli, inglesi né distinzioni religiose o politiche. Fa una sola distinzione: il maschio... e la femmina.

È lí, nel sesso, che volevo andare. Proprio nel sesso, voi mi direte sei fissato. Esatto, sono fissato proprio. Perché il sesso, la sessualità, è la cosa che interessa di piú alla natura, e io voglio seguire questa natura. Perché quando la mamma è incinta, si fa l'ecografia per vedere se è maschio o femmina, non è che si fa l'ecografia per vedere di che partito è. Dice poi:

– È socialista! Abortisci, no?!

Spermatozoi La sessualità è insita nell'uomo piú di ogni altra cosa. Da quando uno è spermatozoo. Già dire 'sta parola... Mi fa effetto parlare di questi argomenti. Ognuno di noi è portatore di spermatozoi, o prenditore, no? A volte non si riesce proprio a donare questa cosa, purtroppo. Quando il sesso comincia a bollire nella macchina dell'omo, e si passa proprio da un sesso a un altro, pensate al trauma...

Siamo nella parte maschile e si va in quella femminile. Tutti noi eravamo spermatozoi...

– Dio bono, vai!
– 'ndò siamo, nelle grotte di Sant'Antonio? E che c'è qui?

Per lo spermatozoo quel posto là, che tutti conoscete, è enorme. Quanti siamo, miliardi cazzo!

– Un miliardo di là!
– E dove bisogna andare?
– Là, nelle ovaie.
– Le ovaie? E che siamo in una gallina? No!

Sarebbero le mammiferaie, le chiaman cosí i dottori. Bestia della miseria! Tutti i pericoli corsi per arrivare laggiú...

– Vai! Attenzione alla spirale! Aggirare, c'è un diaframma! La pillola, aiuto!!!

Pensa i pericoli corsi quando eravamo là dentro. Già c'è la sessualità nello spermatozoo, e ne deve arrivare solo uno...
Ora, volevo dire, quando Spadolini era spermatozoo, com'ha fatto ad arrivare primo? Secondo me c'aveva qualche mafioso in quella zona...
– Fermi! Fate passare il senatore, indietro! Indietro tutti o vi sparo con questo preservativo! Avanti, senatore Spadolini, vada tranquillo. Indietro tutti, maledetti!!! Entri dentro, senatore, vai, Dio bono!!!
Ce l'hanno proprio spinto, nell'ovaia. Tacchini salami capponi... quei nove mesi chissà quanto ha mangiato...

Governo e sessualità È che proprio il nostro governo non ha erotismo. Non ci pensa a 'ste cose. Non c'è nemmeno il ministero della Goduria. Lo potrebbero mettere, no? Ministero della Goduria, quant'ha goduto il popolo italiano? Resoconto: niente!
Son capaci d'amore, ma antierotici. Come si fa a pensare a Andreotti ignudo, a Fanfani col pisello... A parte che Fanfani c'ha proprio l'altezza giusta d'un pisello! Sembra, Fanfani, un pisello staccato da un corpo.
– Vai, va' a fare il ministro del Senato.
– Eh via!
– Eh sí, davvero...
È il contrario di Spadolini come lo fa Forattini, che sembra un corpo senza pisello. Può darsi che originariamente Spadolini e Fanfani fossero uno solo...
Spadolini quando deve uscire con una donna dice:
– Amintore, vieni...
Puhm! Se lo mette ed esce fuori in questa maniera! Potrebbe essere un'idea.

Gli organi genitali immagine di Dio Il nostro Signore, al quale mando un saluto d'amore, l'ha pensata bene. Perché nella Cabala si dice proprio che gli organi genitali sono l'immagine di Dio, votati alla fedeltà alla riproduzione all'amore. I piú importanti del corpo umano. Il nostro Signore, infatti, come si legge nella Genesi della Bibbia, best-seller mondiale – e la Genesi è l'unico momento del libro dove c'è Dio personalmente; poi è sparito perché gli uomini non hanno capito niente – s'è incazzato, è tornato a dare gli ordini: «Uno due tre quattro cinque», perché non ci capivan nulla. Ha fatto il mondo in sette giorni e poi ha dato un ordine solo: «Crescete e moltiplicatevi». Piú facile di cosí si muore, ragazzi. Le piante crescono e impollinano, gli animali mangiano e fanno l'amore. Gli uomini... gli unici che hanno contravvenuto... Eppure è facile. Ha dato un ordine solo!

I preti, le suore, i frati, quando voglion dedicare la vita a Dio fanno digiuno, cioè non mangiano e non fanno l'amore, contravvenendo agli unici due ordini che ha dato Dio. Ora, quando li rincontrerà nel Giudizio universale, si incazzerà un po'.

– Frati, preti, suore, venite qua un secondo. Scusate, io avevo detto: «Crescete e moltiplicatevi». E voi digiuno e castità! Ma forse non avete capito! Ma dovevo dire proprio: «Mangiate e trombate»? Io non volevo scriver parolacce nella Bibbia ma... levati codesta tonaca e dàgli sotto, imbecille!

Tutti questi qua contravvengono all'unico ordine di Dio. Eppure preti, suore, frati, il papa... lo dovrebbero sapere che per mancata copula la cupola si spopola! Quindi dàgli sotto, no?

Ora, con 'sto «Crescete e moltiplicatevi» la natura stessa c'ha portato verso questa cosa qua. Prima di tutto, c'ha piazzato gli organi genitali al centro del corpo. Che già... è un punto vero dove sta la virtú, piú protetti di tutti, come c'è un pericolo uno fa cosí, oh...! Basso ventre... Zone basse, insomma, anche nel pugilato non si può. Son protetti.

L'animale per esempio sa d'istinto subito dove deve andare, appena un cane ti annusa, zah!, va subito in quella zona lí, no? A volte mettono anche in difficoltà, devo dire. A me, ogni volta che c'è un cane, mi arriva subito, non mi riesce a liberarmene. Cerco di fare anche l'elegante...

– Buongiorno signora! C'è il cane... Porca madoska! 'ngiorno, c'è sua figlia? Bestia della miseria 'sto cane...
– Non si preoccupi, non morde...
– Vorrei vedere mordesse, già siamo nella zona...

I nomi Perché tutto è avvenuto con la parola... Deh, all'inizio era il Verbo e Dio ha fatto tutto con le parole. E nessuna cosa è cosí poetica come quella. Il tavolo si chiama tavolo, la faccia si può chiamare viso, volto, due tre parole al massimo, ma per questa zona la natura, proprio per averla sempre in testa, per non dimenticarsene mai di questa zona, sia maschile che femminile, ce ne ha date un miliardo di parole.

Per esempio, che so, nella zona maschile... tutti i medici lo chiamano il pene, scientificamente no? Ma ce n'è diversi, c'è il pene, il fallo... «Diamo una visita al fallo», «Vediamo il pube», l'organo, il membro, la protuberanza, la prominenza, il muscolo, il sesso, la zona erogena, il birillino quando siamo piccini, il pipino, il pipí, il pisello, il pistolino, il cazzettino, va be' questo lo sappiamo, il cinci, il billo, la fava, la minchia, la nerchia, la banana, la cappella, l'asta, la verga, la mazza, la fava cappona, il batacchio, Rocco e i suoi fratelli, il barzo... il barzo è bello!, l'organo pedunculare, il pendolo, lo sventrapapere, lo sfondaranocchie, il priapo, il crescinmano, il salame, la salsiccia, il sanguinaccio, il cornetto algida da millennove, il triccheballacche, l'azzittamonache, l'anguilla, il cetriolo, il mi' fratello piccinino, il pezzo di lesso, il piú lo butti giú e piú ritorna su... Ma ce n'è un miliardo, sembrano bischerate ma è un cosa poetica forte.

A parte poi che per quella femminile ce n'è anche di piú. Non oso nominarla perché a nominarla mi viene nel corpo una cosa d'amore irresistibile già nell'immaginazione, sulla vagina... Il medico dice la vulva... fa paura, la vulva, eh? Una cosa spaventosa, una vulva sett'e quaranta turbodiesel... Una cosa tremenda la vulva addosso! Bella la vulva. Poi c'è la cosa, la passera, la chitarrina, la farfallina, la fisarmonica, la gattina, la filettina, la topa, la toppa, la gnocca, la pucchiacca, la sorca, la picchia, la passerina, la patonza, la gnacchera, la cavità, la ferita, la natura, la vergogna, lo spacco, l'antro tetro, la marianna la va in campagna, la bernarda, la tacchina, l'anonima sequestri, l'effetto serra, il conto in banca, l'afflosciapertiche, la seccacetrioli, l'azzittapreti, la fammela vedere, la fammela vedere un'altra volta... è una bellezza che non se ne può parlare.

Anzi, s'è sempre avuto paura, come dice Sigmundo Freud, noto psicoanalista... Quanto si è avuto sempre paura nei secoli, non per l'invidia penis, ma per l'invidia vagina. Già nell'Inquisizione s'è ammazzato le donne, perché gli s'invidiava 'sta cosa...

La poesia C'è una poesia bellissima, proprio antica, sulla paura dell'organo femminile. Spaventoso, sembra l'inferno, che dice: «Sottobosco di pel, // caverna oscura, // in grembo femminil natura ha posto, // ove dannato all'amorosa arsura // il membro peccator si cuoce arrosto. // Bolle mai sempre // in quella tana impura // di liquefatta pece un fier composto. // Gorgogliano là dentro in rea mistura // fetida bava e sanguinoso mosto // l'orlo dell'ampia grotta è un taglio immondo // che quanto grande sia non si decide // né Archimede trovò quant'è profondo. // Amor vi gettò l'arco e piú nol vide. // L'ancora Tifi e non trovovvi 'l fondo. // Gettò la clava e la perdette Alcide... // oh va a ritrovalla»...

Questo per dimostrare la pericolosità, la paura che quest'organo ha esercitato sempre nell'omo e anche la soddisfazione...

Ma chi l'ha fatto il mondo?

Wojtyla Papa Wojtyla, secondo me, è il piú grande papa vivente che c'è oggi in Italia! Wojtyla! Il Vaticano! Ora, a parte Wojtyla, che è il globe-trotter... Con tutta la fame che c'è nel mondo c'hanno soldi in banca, lo IOR: Istituto Opere Religiose. Come si chiama il croupier del Vaticano? Marcinkus. Che, si mette soldi in banca con la fame che c'è nel mondo?! Come se Gesú avesse messo i pesci in frigorifero: «Guarda, mettili nel frigorifero...»

Wojtyla è il piú grande papa vivente che si ha oggi in Italia! Però dovrebbe sistemare una cosa piú equa unanime per il mondo, non dovrebbe fare il tifo per nessuno prima di tutto. Per esempio, la Polonia: io lo so che stanno male, ma Dio bono sempre con questa Polonia, stanno male dappertutto, quelle altre parti le tratta veloce, no? Dice: «Madonna come stanno male in Polonia, anche in Cina, però in Polonia Madonna bona, come stanno male laggiú». Io son d'accordo, ma l'ha presa un po' troppo... Secondo me è polacco sto' papa, eh?

L'esistenza di Dio Il cervello non è lo strumento adatto per dimostrare l'esistenza di Dio. È come voler sentire il sapore del sale col naso. Non c'è riuscito Lui stesso mandando Suo figlio in terra, figurati noi che non siamo neanche parenti alla lontana! Insomma, l'ar-

gomento ontologico è crollato, gli scolastici e i mistici hanno fallito. La Teoria del Motore Immoto è una scemenza. Non resta di nuovo che il mi' babbo. Avrò avuto quattro anni e tornavo dai campi, di notte. Gli chiesi:
– Babbo, ma chi l'ha fatto il mondo?
– Dio.
– E Dio chi l'ha fatto?
– Il su' babbo e la su' mamma.

Già, pensai, che scemo. Andai a letto contento, ma convinto d'aver dato l'impressione al mi' babbo di non essere una personcina intelligente. Avrei potuto arrivarci da solo.

Caino e Abele Siamo tutti fratelli: i fratelli Taviani, i fratelli Lumière, i fratelli Karamazov, le sorelle Adamoli, i fratelli Bardazzi... Ce ne sono altri due nel mio paese, i Fratellini, Rocco e i suoi fratelli, i fratelli Cervi, i fratelli Fabbri. Rosanna Fratello, e via e via e via, e ne aggiungerei un altro: e via!

Ma i primi veri due fratelli dai quali tutti noi discendiamo, amici infelici, erano Caino e Abele. Non c'è errore di stampa, è proprio scritto cosí. Caino e Abele dettero luogo a tutto il mondo e c'è un asterisco sulla Bibbia, vedere per la spiegazione in fondo, e se andiamo a vedere in fondo andò cosí.

Quando eran piccini tutto regolare: Caino un po' piú nervoso e Abele piú perbene.
– Buongiorno, mamma!
– Buongiorno a te!
– Buongiorno, babbo! Come stai?
– Bene grazie, non c'è male.
– Figurati, ciao eh...
Insomma, tutto perbene Abele. Caino invece un po'...
– Buongiorno!

– Che è 'sto buongiorno? Che mi interessa?

Quando erano piccoli niente di strano, quando cominciarono a crescere, che il sesso cominciava a bollire nella pentola dell'uomo, a scoperchiare il cervello erotico... be', bisogna buttar giú la pasta, ragazzi...

– Mamma, ciao!
– Caino, non far tardi!
– Mah! Se trovo qualcosa può darsi pure che rimanga a dormire, arrivederci! Ciao, Adamo! Ciao, Abele!

Andava fuori, cominciava a guardare: zebre, sassi, piante, fiumi, stelle, foglie, frutti, Scalfari, Celentano, ma di donne, non c'era l'ombra! Non gli riuscí a incontrare una donna a pagarla oro, e non ce n'era proprio! Primo sabato niente, il secondo sabato uguale, terzo sabato uguale, alla fine non ce la faceva piú. Comincia a dargli di balta il cervello e comincia a guardare Abele in maniera un po' strana...

– Caro Abele...
– Cosa?
– Niente! Ho detto caro Abele, sembri un po' nervoso oggi...
– Perché?
– Niente, sei mio fratello...
– Uhm, cosa?
– Niente, ho detto: sei mio fratello! – dice. – Ci mancherebbe altro che tu fossi la mia... ti vedo un po' nervoso! Guarda lí come cammina di dietro!

Insomma, questa malsana idea cominciò a entrargli in testa, finché ci pensa tutta la notte e un giorno chiama il fratello e lo redarbonisce un po'.

– Abele! Vieni un minuto qua, per curiosità. Scusa, nel mondo c'è le cose maschili e femminili, no? Sappiamo, come si chiama nostro padre, che è un uomo?
– Adamo!

- Uhm, e io?
- Caino!
- E te?
- Abele!
- Guarda un po', strano: Adamo, «o», la finale, dico. Caino, «o»; te invece: Abele, «e», femminile plurale. Non è proprio Eva, «a», però... Ciao, Abele, ci si vede, eh?

Abele incominciò a impaurirsi, narrano i giornalisti dell'epoca: girava proprio armato. Ora, questo Caino, sempre piú indispettito, un giorno lo chiama.

- Abele, guarda... m'avete fatto uno scherzo e mi è piaciuto, mi son divertito, però il gioco è bello quando dura poco, eh?! Bisogna arrivare a essere cinque miliardi e bisogna darsi da fare, eh? Te devi essere mia moglie per forza, Abele! Vai a casa, mettiti un tailleurino rosa e fatti la barba che mi vergogno di fronte al mondo di avere una moglie che va in giro vestita cosí!

Abele insiste che è un uomo. Caino non ci vede piú: gli salta addosso e l'ammazza! Era il primo delitto della storia. S'impaurí, si nascose. Ma Dio lo vide e si arrabbiò:

- Caino! Madonna bonaaa! - Caino sempre piú nascosto. - Caino! Dio bonooo!
- Che?
- Dov'è Abele?
- Chi Abele?
- La tua sorell... il tuo fratello! Mi hai fatto imbrogliare anche a me, imbecille!
- Non lo so!
- L'hai ammazzato! Te andrai all'inferno!
- All'inferno?! Ce n'è donne?
- Stai zitto! Sottosviluppato!

Bum!! Lo mandò giú all'inferno. Il diavolo contento: arrivava la prima persona che vedeva. Aveva appe-

na finito di preparare. Entra questo Caino, vede un altro essere vivente e va subito a presentarsi:
– Buongiorno! Piacere, Caino!
Il diavolo dice:
– Il piacere è tutto mio: Satana!
– Satana, «a»!
Bestia della miseria! Ci fu una rincorsa nei gironi: al VII Girone lo prese, e da questo terribile connubio tra Caino e Satana nacque l'infelice genere umano!

Dio, Manitú, Budda... Mi veniva in mente... Se quando uno muore va di là e invece del nostro Dio ne trova un altro... Ci pensi che figura? Metti, che so, si trova Manitú, quello degli indiani. Che figura si fa? Uno va di là, vede uno con una penna, la pipa...
– Buongiorno, cercavo Dio.
– Augh.
– No, dico, Dio.
– Augh.
– Io ho letto «Tex», non so se può servire, la squaw, le verdi praterie, eh?, i sentieri di Manitú...
Allah, trovare Allah...
– A proposito, Allah, tu che sei di quelle parti del Medio Oriente, levami una curiosità: che c'è in quella zona?
Budda!... Pensa a trovare Budda... Budda, grasso in quella maniera... C'è gente che non l'ha mai visto, non sa neanche chi è. Alla mi' mamma gliel'ho chiesto:
– Tu sai che è Budda?
Uno muore, va nell'aldilà, trova Budda con quella pancia... dice:
– Mah, tutto m'aspettavo fuori che quel bischero di Craxi pigliasse il potere anche di qua...

La Creazione Nostro Signore ha fatto nella Crea-

zione due errori visibilissimi. Con tutti i pianeti liberi che c'è nel mondo, cinque miliardi di persone tutti stretti su questa palla! O che sistemi sono con i propri figlioli?! Come se il mio babbo c'ha, che so, venti figli, un palazzo di cinquanta piani e mette tutti in garage! Distribuisci un po', no? Che poi non so mica se poteva costruire tutti questi pianeti, vicini in questa maniera: sono abusivi, eh? Infatti a occhio nudo non si vedono: c'è voluto Galileo, il cannocchiale! Quando li vide Galileo disse:
– Oh! Questi pianeti?
Allora il costruttore, d'accordo col papa, lo fece arrestare. Dice:
– Galileo, vieni qua un minuto che c'è una cosa: a parte il fatto dei pianeti abusivi, Galileo, che cos'altro hai scoperto di quel fatto del giro?
Galilei ci cascò:
– Già, non è come pensate voi, il Sole che gira intorno alla Terra: è la Terra che gira attorno al Sole.
Il papa piglia la palla al balzo:
– Che sarà scemo? L'avete mai vista voi una cosa che gira intorno al suo riscaldamento? Via!
Lo misero in galera venticinque anni a girare intorno alla stufa elettrica.
A parte poi che non è che ci ha messo cinque miliardi qui da soli: insieme ad animali, vegetali, minerali, cacciaviti, chitarre, seggiole, teatri-tenda... un casino! Poi dice: all'inizio era il Caos e Dio fece l'Ordine. O che c'era prima?!
Che poi gli animali non è che eran come ora: mi dispiace che si sono ammazzati, son esseri sensibili, però all'inizio dei tempi erano proprio animaleschi! Lo dice il termine, erano migliaia piú degli uomini perché proliferavano ed erano piú resistenti e in piú rompevano le scatole! Non si campava! L'uomo delle caver-

ne si svegliava... non è che c'era un gallo! Ce n'era un miliardo! Chicchirichí! Di', oh c'è i Rolling Stones!

Uno si svegliava, andava a lavarsi il viso: pescecani, piranha, coccodrilli, non si poteva mettere le mani.

Mangiavi una mela per fare colazione: lombrichi, bachi, sembravano un vagone. Tornavi a casa: distrutta, c'è passato un mammuth, un dinosauro. Vai a fare la popò: tafani, mosche, zanzare, non c'era verso di spogliarsi. Andavi per andare a letto: un miliardo di lucciole, sembrava lo stadio Maracanã! Mandi via le lucciole, ricominciano i galli: chicchirichí! Dio!!!

All'uomo gli prese l'esaurimento nervoso! Tutto per colpa degli animali! Arriva Dio che si era distratto, vede 'sto casino, chiama Noè: Diluvio Universale. E chi fa salvare? Gli animali! È tutta colpa sua! Allora non ci siamo capiti? Lasciamo perdere 'sta distrazione! Tutto il genere umano viene distrutto.

Questo Noè piglia la sua famiglia: c'ha la moglie, fa tre figli: Sem, Cam e Jafet, tre maschi... Un'altra volta rifanno tutto il mondo! Altro Misterissimo della Fedissima. A quell'epoca erano doublefax.

Allora si rifà il mondo, dopo un po' comincia il casino: infelici lo stesso!

I Sette Vizi Capitali Il nuovo genere umano è tremendo, un maialaio: Sodoma, Gomorra, Poppea, Pompei, Cutolo, Nerone, un casino insomma, non si capisce niente.

Allora Dio non ci vede piú, dice:

– 'sto pianeta mi... mi fa veramente girar la testa! Non ci voglio piú perder tempo, eh? Ora vi dico le cose che si deve fare e quelle che non si deve fare, ve lo fo scrivere e non ci voglio piú metter piede. Mosè! Vieni quassú, scrivi! Allora, i Dieci Comandamenti... scrivi su una pietra qualsiasi! I Dieci Comandamenti, i

Sette Vizi Capitali... Figurati quanto ci mette a scrivere i Sette Vizi Capitali! I Sette Vizi Capitali sono: Ira, Lussuria, Invidia, Superbia, Gola, Accidia, Avarizia...

Ora Dio nella confusione del momento non si è accorto che questi Sette Vizi Capitali Lui ce li ha tutti e sette in pieno, veramente, tutti e sette!

La Superbia: se c'è uno piú superbo di Lui:

– Io son Dio l'essere perfettissimo, potentissimo, in ogni luogo, in confronto a me Nembo Kid è un imbecille, Budda lo piglio di tacco, si faccia avanti chi se la vuol fare con me, voglio vedere chi ha il coraggio, paraponziponzipò.

Poi anche il nome. Gli altri dèi c'hanno un nome: Giove, Budda, Allah... Lui: Dio! Se si chiamava con un nome piú umile era piú simpatico a tutti no?! Che so: – Io sono Guido, non avrai altro Guido all'infuori di me.

Era piú simpatico, no? «Aiutati che Guido t'aiuta!», «Piove come Guido la manda». Sui ponti dell'autostrada: «Guido c'è». Insomma, era piú simpatico, veniva bellino: «Allora Dio, nell'Alto dei Cieli...» «Che alto dei Cieli? Son qui a mezz'aria». Insomma! Poteva essere piú... «Padre Onnipotente». «Che Onnipotente? So far qualcosa, ora non esageriamo!»

L'Ira! Se c'è uno che si incazza piú di Lui, ragazzi! Dalla mattina alla sera non c'è un momento che è calmo: già all'inizio Adamo ed Eva gli presero una mela.

– Eeeeh! Fuori di casa mia! Te partorirai con dolore! Te lavorerai con sudore!

Per una mela? Te la pago, mamma mia! Un casino! No, ora io posso anche ammettere: gli hanno preso una cosa che ci teneva. Uno se la piglia, no? Ma poi ti passa... A Lui non gli è ancora passata. Son duemila anni che ci fa battezzare per quella mela. Tutto il giorno me lo immagino, in casa:

– Madonna, m'hanno rubato una mela, Dio bono, accidenti a loro mi piaceva tanto e non gliela volevo lasciare, ora chi me la ripaga, mi piaceva a me, la volevo far cotta, me l'hanno presa.

– Fattene un'altra...

– Ma mi piaceva quella, Madonna bona, ora voglio vedere, metto un albero di fichi, voglio vedere se mi pigliano anche quelli.

Una cosa, guarda! Poi dice aumenta il prezzo della frutta! A quel tempo una mela costava l'ira di Dio!

Guido, te lo sai, t'ho voluto bene, accidenti a te! È venuto a vedere lo spettacolo, è qui sopra, non ha mica pagato il biglietto, figurati, se passa di là paga, è pure tirchio eh? Vieni a pagare le cinquemilalire, accidenti a Guido! È di piú, lo so. Cinquemila ti garberebbe, eh? Ottomila, nove! Allora non viene proprio nemmen qui sopra, se è nove non si fa proprio vedere nella zona. Guido, si fa per scherzare, eh? Non vorrei, siccome siamo all'aperto, m'arriva un fulmine, Guido, per dire due battute sai com'è, no? Ti sarà capitato anche a te, no? Accidenti! Pensa che mò io mi ritrovo di là...

– Benigni, ti sembrava d'esser simpatico con quello spettacolo?

Vado a mangiare insieme a Guido, dice:

– Piglia 'sta macedonia.

– No grazie, non si sa mai cosa c'è dentro, ci fosse un pezzo di mela, tieni Guido, un pezzo di mela nella macedonia.

La Lussuria? Ora non voglio entrare in fatti privati, però cinque miliardi: tutti figli suoi! Lasciamo perdere!

L'Avarizia? Se c'è uno piú avaro, ragazzi! A parte che il suo popolo prediletto sono gli ebrei: gli ha promesso un pezzo di terra; son tremila anni, non gliela dà!

– Mosè, come ti dissi? «Promessa». T'ho mica detto: «Terra data», Mosè!

L'Accidia! Ragazzi, se c'è uno piú pigro di Lui! È proprio la pigrizia in persona, è stato un'eternità senza far niente! Prima di fare il mondo non ha fatto niente! Ma non un giorno, un'eternità! Poi, un giorno, sdraiato, decide di fare il mondo. E il settimo giorno: riposo! Da allora non l'ha visto piú nessuno! Fosse venuto a fare un ritocco! Ce ne sarebbe anche bisogno! Niente, proprio!

I Dieci Comandamenti Sarebbe stata una bellissima idea, no? Dice: mette delle regole a favore di chi sta bene: il povero è spacciato, coi Dieci Comandamenti, il ricco invece...

Agnelli è piazzato benissimo. Cioè, lui va in paradiso, dritto. Dice: «Onora il padre e la madre». Ma no! Con tutti i soldi che gli hanno lasciato! Dice:

– Grazie mamma! Grazie, quando morite: tutto mio! Grazie, onoratissimi! Onoratissimi!

«Non desiderate la roba d'altri». È tutto suo! Poi Agnelli sembra un imbecille, ma anche lui è un furbone. Un genio, proprio. Lui, sin da piccolo, parlava proprio in termini automobilistici. È sempre stato fissato, quand'era piccolo, quand'era in rodaggio, all'epoca del primo tagliando. Già quando andava a scuola, Agnelli... «Prima, seconda, terza». Quando lo bocciavano: «Agnelli in folle!» «Luna anabbagliante, sole abbagliante, stelle luci di posizione». Quando va in mare e s'abbronza: «Agnelli metallizzato». Quando fa all'amore: «Scontro frontale, ogni tanto qualche tamponamento»...

Il figlio di Dio Allora il Nostro Signore gli viene un'idea strepitosa. Dice:

– Voglio vedere cosa c'è in questo pianeta, mando mio figlio: uomo qualunque tra gli uomini qualunque a vedere cosa c'è in questo pianeta.

Ma lo poteva chiedere direttamente a uno di noi! Si risparmiava tempo, no?

Insomma, manda Gesú. Ma, con tutto il rispetto per Gesú, qualunque qualunque non era. Uno che moltiplica i pesci, divide le pecore, addiziona gli agnelli, cammina sull'acqua, risuscita i morti. Qualunque, era se lo faceva nascere ragioniere di Pistoia, tiè! Provava la vita regolare, gliela raccontava. Tutti i profeti: «Nascerà un ragioniere a Pistoia...» Erode fa ammazzare tutti i ragionieri da bambini, no? I dodici apostoli: dodici segretari d'azienda. La fuga... in Emilia Romagna. Oppure operaio a Torino.

Le invenzioni e Dio Insomma, non si risolve neanche con l'avvento di Nostro Signore. Ma io ho capito perché. Perché il nostro Guido ce l'ha fatte troppo difficili. Perché non è cattivo: si diverte. Per esempio, ci fa patire gratis.

Perché per esempio le invenzioni non ce l'ha fatte scoprire subito, siamo tutti figli suoi! Il riscaldamento: ne ha fatti morire un miliardo di freddo. Ha fatto Adamo, ha preso una costola e ha fatto Eva. A quel punto, visto che c'era, poteva prendere, non so, un orecchio a Eva e fare un termosifone!

Insomma, volevo dire: almeno c'era gli uomini senza una costola, le donne con un orecchio in meno, però ci si riscaldava, no? La sera, me li immagino Adamo e Eva.

– Eh, Eva? Si sta bene al caldo, eh? EH? SI STA BENE AL CALDO? Voltati da quell'altra parte! Dammi quell'altro orecchio, si fa un forno!

Insomma, ora gli uomini muoiono di freddo e le donne ci sentono. Sono gusti... Che poi è una cosa, insomma! Stava lí a vedere i poveri uomini delle caverne a fare scintille...

– Oggi voglio vedere cos'hanno inventato paraponziponziponzi, vediamo se scoprono il fuoco, zac, zac, zac, non fanno una scintilla parapaponziponzi.

Si divertiva! Poteva buttare una scatola di cerini. Niente, no! Un fulmine e distruggeva ogni cosa! Come se uno mi chiede da accendere e piglio il lanciafiamme.

Gli antibiotici. Un'invenzione importante come gli antibiotici! La penicillina! Lo sapete dove l'aveva nascosta la penicillina? Nella muffa. Dice:

– Dove la posso mettere che non la trovano?

Una cosa importante come gli antibiotici! C'è gente che l'ha cercati tutta la vita:

– Eppure ci dev'essere gli antibiotici, o dove l'ha messi?

– Hai guardato in cantina?

– Non ci sono!

Dio bono! Li poteva mettere sul comodino di Adamo.

– Adamo, se ti viene un'influenza, gli antibiotici sono lí.

– Grazie.

– Quando ne avete bisogno... Arrivederci!

Le cose, le pile! L'energia! Lo sai a chi ha dato le pile il nostro Signore? Alle rane! Galvani, Volta le hanno dovute torturare: spille nelle braccia e nelle gambe per farsi dare le pile.

– Ce l'avete voi, maledette rane! Datemi la pila: c'ho un girino in ostaggio! Parla, parla maledetta rana!

Insomma dare le pile alle rane è come dare l'abatjour alle anguille! O che si fa in quella maniera?!

Ritratto di me stesso da cucciolo

Allora Benigni, di che cosa vogliamo parlare?
Non voglio parlare di botanica, la cosa che mi interessa in questo momento è piú il teatro che l'agricoltura in genere...

Quand'è che hai capito che eri uno che sapeva far ridere la gente?
Ecco, l'ho segnato qui, su questo pezzettino di carta. È stato il 14 luglio del '69 verso le quattro del pomeriggio. Improvvisamente mi scattò questa cosa che saranno state le quattro, le quattro e dieci. Io non avevo l'orologio, ma lí vicino c'era uno che si chiamava Mario e gli dissi: «Mario, per piacere, che ore sono?», e lui mi rispose: «Non so, le quattro, le quattro e dieci».

Alcuni critici ti hanno definito il Woody Allen italiano, tu cosa ne pensi?
Ma io penso che sia piú difficile essere il Mastroianni russo che il Woody Allen italiano e sono molto piú distante dal Mastroianni russo. Quello che mi piacerebbe essere sarebbe l'Anna Magnani svizzera, ma non riesco ancora a trovare lo stile per riuscire a eguagliarla, è il mio punto di arrivo l'Anna Magnani svizzera, ma non riesco ancora...

È vero che ti sei sposato?
Non posso rispondere. Mia moglie mi ha proibito di dirlo.

Ci credi all'immortalità?
Non metterei la mano sul fuoco.

E alla trasmigrazione delle anime?
Non accenderei nemmeno il fuoco.

Ti piacciono gli asparagi?
Sí, li amo molto. Gli asparagi e l'immortalità dell'anima! Ho cominciato a scrivere un libro su questo argomento: *Gli asparagi e l'immortalità dell'anima*, un bel titolo.

Come vivi attualmente?
Ah, faccio quello che fanno tutti. Mi alzo alle due del pomeriggio, apro la macelleria, monto sul camion, faccio l'amore, stendo i panni, passo mezz'ora dall'oculista, bevo un caffellatte, metto in ordine a casa la cancelleria, vado a teatro, poi torno e m'infilo a letto.

Come italiano preferisci le donne, il calcio o la pastasciutta?
La cosa migliore è una donna che gioca a calcio e mangia la pastasciutta! Ma... francamente non è che il calcio mi piaccia molto... mentre le donne e la pastasciutta sono cose che non si possono scordare.

Che cos'è per te la comicità popolare?
Non lo so, sono l'ultimo dei comici aristocratici.

E il cinema popolare?

Non mi interessa, preferisco popolare i cinema.

Oggi sei ricco o no?

Ecco, dire che sono povero sarebbe una menzogna... Diciamo cosí, che qualche decina di mila lire l'ho guadagnata, però non ho mai avuto la sensazione della ricchezza: non vivo da ricco, nel senso che venendo qui a fare l'intervista non so rendermi conto se devo ordinare dieci cappuccini o ne basta uno... Del denaro so soltanto, leggendo la Bibbia e la *Divina Commedia*, che gli scialacquatori sono piú puniti degli avari. Io, di me, non so neanche se scialacquo o se tengo... Non mi rendo conto di essere ricco oggi, e non ho mai avuto la sensazione di essere stato povero prima, quando guadagnavo duemila lire, ai tempi dell'avanguardia: c'era uno scintillio, una goduria, che mi sembra non mi sia mai mancato, neanche prima...

Li hai avuti anche tu i soldi dal Kgb?

Io, sinceramente, qualche spicciolo l'ho avuto, andavo a prenderli personalmente. Addirittura, l'ho portati io a Berlinguer, i soldi che mi dava il Kgb. Certo, mi dispiace dire questa cosa adesso che è crollato il comunismo, e tutti, come quando c'è un cadavere, gli stanno attorno e dicono: «Guarda, aveva pure i capelli sporchi, e le pulci». Però è vero che i soldi del Kgb li ho presi, e mi sono anche serviti, e se me li vengono a richiedere ora non glieli do, perché li ho spesi tutti: la Cia non mi ha mai dato niente, e in questo si vede la differenza tra l'Est e l'Ovest... Io, i soldi, li ho chiesti a tutti i servizi segreti: l'unico che mi ha ascoltato è stato il Kgb. Sono molto generosi quelli del Kgb...

C'è qualche film che ti ha ispirato?
Vediamo. *Per qualche dollaro in piú*, quella scena in cui lui chiede: «C'hai mica un Aspro?» Poi *Furia, cavallo del West*.

È molto che non fai teatro?
Dodici anni.

Non erano sei?
Ho detto dodici per colpire. No, in realtà ho smesso un mese fa.

Quanto costa il biglietto del tuo spettacolo?
Meno. Qualcuno voleva farlo costare di piú. Io ho detto no. Meno. Nonostante la crisi della carta voglio un prezzo popolare. E poi c'è una novità. Basta pagare al botteghino per poterlo ricevere. Un gran vantaggio.

Hai anche un messaggio?
Il messaggio è: guai al comico che lancia messaggi. Come dice Duchamp, quel grande musicista, «l'allegria perde il suo stesso senso di vita se viene presa sul serio». È una banalità tremenda. Da Eschilo a Fogazzaro l'artista ripete sempre la stessa cosa: esprime il turbinio di fulmini e tempeste che gli si agita nelle viscere perché ne sente la necessità.

Il bisogno?
Non siamo volgari! Il desiderio.

È vero che canterai delle canzoni?
Bella domanda. Questa domanda mi piace molto,

grazie. Tutte le forme di spettacolo sono «bagnomariate» nella musica. Tutti i grandi del varietà, Totò, John Wayne, Toshiro Mifune, sono passati dall'Ambra Jovinelli. Vi ricordate? «Toshiro, nun ce prende in giro // So' 'na cima de Hiroshima // Mangio i cachi a Nagasaki // Me metto in moto, parto da Kyoto». Passando da Gobetti a De Gasperi siamo arrivati al varietà mitteleuropeo.

Che effetto fa sfondare in America?
Come fallire in Danimarca. Sono due sensazioni molto violente.

Quindi, concludendo, Berlusconi ti piace?
Sai meglio di me quanto amore io ho per Berlusconi, a me basta che mi dici il nome già mi batte il cuore. Non me lo devi nemmeno nominare in un'intervista perché diventa subito una pink interview.

Nato Esattamente Benigni Roberto, il 27 ottobre 1952, tant'è vero che il mio codice fiscale che so a memoria è biennegierreerreticitreunonovepicinqueduerreventisette...

Sicuro? C'avevo dei dubbi, però un mio amico, Roberto Bonacchi, nel lontano 27 ottobre 1964, mi chiese:
– Roberto, quanti anni hai?
E io risposi:
– Dodici precisi.
Quindi i conti sono presto fatti.

Dove? A Misericordia, nella provincia di Arezzo, nel comune di Castiglion Fiorentino, nella zona piú sud est o sud ovest, non mi ricordo bene...

Da una famiglia composta da quattro persone, madre padre e tre sorelle dei quali componenti, diciamo, tutti sono continuamente vivi, me compreso...

Di origine Piú che contadina oserei dire delle zolle. La mia famiglia era unita alla terra, quasi lavorata dai contadini.

Quindi Emigrato a Prato nel 1958, in un paesino ancora piú piccolo, di nome Vergaio, dove tutta la mia famiglia vive ancora.

Primi ricordi Dell'infanzia ho delle vaghe immagini fino a un'età piuttosto adulta. Il primo ricordo, sinceramente, che ho, è la pioggia, il giorno che traslocavamo da Misercordia a Vergaio. Mi ricordo degli enormi goccioloni in terra e una voce nella pioggia che chiamava: Roberto! Roberto! Non mi trovavano piú. Forse ero impaurito dall'emigrazione e m'ero nascosto da qualche parte. Avevo poco piú di quattro anni.

Della famiglia invece ricordo molto A parte il mio babbo che non era mai a casa perché lavorava fuori, nelle ferrovie, vivevo sempre con quattro donne che erano la mia mamma e le mie tre sorelle. Dormivamo in un solo letto, perché era una di quelle famiglie con la fame epica. Tutta la proprietà consisteva in tre o quattro anatroccolini.

Tu est très drôle Mio padre, un contadino toscano che cercava di esprimersi in francese, guardandomi mentre piantavo un cavolo nero esclamò:
– Mais tu est très drôle!
Avevo sette anni. Ne passarono altri sette e non mi sposai. Nonostante mio padre continuasse a ripetermi:
– Mais tu est vraiment très très drôle!

Il letto della mamma Sono stato nel letto della mamma fino all'età di quindici-sedici anni. Questo non so se può aver influenzato il corpo e l'anima...
Mi ricordo anche un grande camino e il fuoco, con il quale ho avuto a che fare molto spesso perché sono bruciato in tutte le zone del corpo. Ero attratto sia dal fuoco che dagli escrementi, come tutti i bambini. Sí, l'acqua e il fuoco, un'istintualità molto filosofica... Era pieno di escrementi di animali dove vivevo io. Un amico mio, zoofilo, aveva dei rapporti sessuali con una mucca, come tanti altri parenti e amici. Era abbastanza normale avere rapporti con gli animali. Le mucche poi avevano uno sguardo classico, dignitoso...
Cosí ho rischiato sia di bruciare nel fuoco che di affogare negli escrementi. Sono stato salvato un paio di volte.

Mucche e cavalli A Vergaio, nel comune di Prato, sono andato ad abitare in Via fra i campi, che indica la locazione precisa. Anche lí c'era la camera da letto, dove dormivamo tutti insieme di nuovo, attaccata a una stalla di cavalli. Ci avevamo sempre il muso dei cavalli su vicino al letto che ci guardavano, di notte, con sguardi un po' folli. Mi ricordo quegli occhioni; i cavalli son diversi dalle mucche che sono molto dignitose e nobili, come dice il Parini.

Gli studi Ho studiato alle elementari, come tutti i ragazzini. Però ero un immigrato. Il dialetto era proprio differente, un'altra lingua l'aretino. Io sentivo il pratese e lo sentivo come ora sento l'americano. Era proprio incomprensibile, anche se era toscano. Insomma ci avevo avuto i miei problemi di insediamento da piccolino. Però vivevo bene nella mia famiglia, ecco, non ero un bambino che usciva, anzi, non vedevo l'ora di tornare a casa. Era una famiglia piena di magie. C'erano molte credenze, piú che popolari, magiche. Sia il mio babbo che la mia mamma avevano delle matrigne e dei patrigni con tanti altri figli; prima di andare ad abitare da soli eravamo in quaranta-cinquanta nella stessa casa, come nell'Ottocento. Ho molti ricordi, fin da piccolo, di gatti bruciati, di stregoni e di fattucchiere. Sono stato trasportato da un mago all'altro perché ero piccolino, parlavo poco, non ci vedevo, mi cadevano tutti i denti.

Suono e magia Io suono l'organo, il piano, la fisarmonica, l'organetto a bocca. Sono stato il primo organo della Compagnia di Gesú. Ho studiato dai Gesuiti a Firenze, in via Giovanni Pascoli. La domenica leggevo il Vangelo in chiesa. Sono una via di mezzo fra Dostoevskij e Paganini. Avrei fatto senza dubbio una brillante carriera come scrittore e come musicista, ma poi mi sono rotto del collegio dei Gesuiti e me ne sono andato con un circo. Facevo il ragazzo del mago. Il mago mi chiedeva:
– Come ti chiami?
Io rispondevo:
– Prima mi chiamavo Roberto, ora mi chiamo Maria.
Il mago mi diceva:
– Siamo nel Sahara.

E io mi spogliavo. Quando stavo per togliermi anche le mutande, mi diceva:
– Siamo al Polo Nord.
E io dovevo rivestirmi in tutta fretta. Mi spalmava sulla mano due tipi di crema (una lasciava passare il fuoco, una no). Poi dava fuoco alla mano. Tutti gridavano al prodigio, ma un giorno mi spalmò male la crema che non lasciava passare il fuoco e la mano mi si incendiò.

La prima volta sul palcoscenico? A me m'ha buttato in scena il mi' babbo perché lui era un grande amante dei poeti a braccio, a lui piacevano proprio tanto, perché erano il mistero dell'improvvisazione della rima, e allora ha detto:
– Mi piacerebbe che il mi' figliolo...
E loro gli hanno detto:
– Buttacelo su!
E cosí a Vergaio, a tredici anni, sono salito su con loro e ho cominciato a improvvisare poesia a braccio con loro, ci ho ancora i nomi.

Gli amici Conobbi Carlo Monni, contadino toscano che declamava odi shakespeariane ai suoi suini e Donato Sannini, poeta pistoiese, per mezzo di Luigi Delli, vigile fiorentino.

Il '68 Arrivò il '68. Due anni dopo eravamo nel '70.

Roma È tutta colpa di quell'imbecille di Donato Sannini. Un giorno Donato mi disse:
– Roberto, perché non andiamo a Roma?
– A far che? – gli chiesi.
– A Roma c'è l'avanguardia, – mi rispose.
– Se c'è l'avanguardia, allora andiamo, – gli dissi.

Cosí venimmo a Roma e andammo al Beat 72.
– È questa l'avanguardia? – chiesi a Donato.
– Sei cieco, non la vedi? – mi rispose.
Io gli dissi:
– Se questa è l'avanguardia, perché non restiamo qui di guardia?

Primo interludio.
Il Pantheon

Al Pantheon la sera
si vedono le attrici,
si parla con gli amici,
a tarda primavera.
Al Pantheon by night
si rompono i bicchieri
ci sono gli stranieri,
oh yes, okay, all right.

Il Pantheon è famoso
ci sono due bar ai lati e
e son sempre affollati anche il giorno di riposo,
ma la frase ricorrente di ogni frequentatore
è: Dio Mio che brutta gente,
il Pantheon che squallore!

Al Pantheon c'è la Flavia,
i turchi e gli afgani.
C'è Ungari e Melani
e si parla di Moravia.
Il vino e i tarallucci,
tutto si può ordinare.
E poi può capitare Bernardo Bertolucci.

Con la fontana al centro
il Pantheon che eleganza!
Però la maggioranza
non l'ha mai visto dentro,
chissà che cosa c'è,
voragini o assassini,
o forse un altro bar con tanti tavolini.

Al Pantheon c'è sorpresa
di mille situazioni:
Ferreri, Antonioni senza la cinepresa
e alle donne dài del tu,
gli puoi toccar le cosce.
Poi passa qualche Porsche e qualche Bmw.

E da un improvviso silenzio,
uno schianto,
è finita Massenzio,
compaion dei gruppi ordinando Bourbon.
Al Pantheon,
al Pantheon!

Se gli amici son spariti
a mezzanotte e un quarto,
vieni al Pantheon
che è un reparto degli oggetti smarriti,
Ci trovi Consuelo, Galliano, Fabio Gamma,
ci trovi la tua mamma,
ci trovi il mondo intero.

E ci vendono le angurie,
ma appena si fa tardi è un disordine di sguardi
intrisi di lussuria,
un playboy io copio
e guardo una ragazza,
ma in mezzo a questa piazza non mi si fila proprio.

E al Pantheon la sera
io divento un poco triste,
di attrici non ne ho viste,
fa freddo a primavera,
il vino e i tarallucci non mi hanno ancor portato
e poi non è arrivato Bernardo Bertolucci.
Sí ma è pieno di allegria,
le quattro? È ancora presto,
apre un bar a San Silvestro
e tutti vanno via.

Son solo e che farò?
Di già mi sento male,
vorrei proprio volare
in vetta al Pantheon.
Son solo e che farò,
vorrei proprio volare
in vetta al Pantheon.
Al Pantheon!
Al Pantheon!

Il cinema è come il cocomero

Fellini Lo splendido autore di *Ladri di biciclette* e di *La terra trema*, un regista che ha portato sullo schermo la dura realtà di Ginevra, salvando i destini delle banche svizzere.

Walter Matthau Prima di conoscermi era sporco, ignorante e puzzava. È rimasto stravolto quando gli ho recitato la tabellina dell'otto, è quasi svenuto quando gli ho detto la capitale della Cambogia. Gli ho insegnato come si mangia, a vestirsi, a lavarsi, e credo che un giorno farò di lui un grande attore.

Cinema e cocomeri Il cinema non è come il mare, è come il cocomero. Finché non si apre non si sa se è buono o no. Quando tu giri una scena puoi dire: mi sembra buona! Quando il cocomero è chiuso, dal suono dici: forse è buono! Ma poi quando l'apri è come il cinema quando lo vedi sviluppato. Al suono sembrava buono, poi magari...

Zavattini M'ha colpito da morire, mi ha colpito la maniera di fare cinema che ha lui, anche se non conoscevo ancora nessuna maniera di fare cinema. È uno che ha una concentrazione, un'energia. A quintali. Uno che non dice mai una banalità, anche quando ti chiede «vuoi un caffè?» te lo dice che sembra una sceneggiatura. Neorealista. È affascinante. Scrive ottocento pagine e poi dice: «Domani cominciamo a scrivere la sceneggiatura». Però ho capito subito che il protagonista del film poteva essere solo lui. C'è stata un po' di lite. Non lite, perché lui di persona bacia, ma poi scrive delle lettere incazzatissime che ti mangia vivo. Sono stato a seguirlo per un anno, ma poi ho capito che dovevo smettere, il suo cinema lo può fare solo lui, chi lo segue è spacciato. Non è che vai da Zavattini e poi vieni via alle sei. Puoi anche venir via alle sei, ma poi resti zavattiniano per tutto il giorno dopo.

Fellini Tutte le mattine, prima di trovarci sul set, mi sveglia e mi chiede dove deve mettere la macchina da presa. Poverino, è cosí insicuro. E ha il complesso del regista di serie B. Io lo consolo e gli dico: «Vedrai, un giorno o l'altro ti inviteranno anche a te a Cannes, stai tranquillo».

Cinema e parola Per me il cinema è parola. Dire che è immagine è una scemenza. L'intervento sul cinema si fa con la parola. Dio come intervenne sul mondo? Col verbo. Mica disse: «Il mondo è immagine». E Michelangelo quando fece Mosè non gli disse: «Perché non vedi?», gli disse: «Perché non parli?» Dire che il cinema è immagine è banale come dire che la radio è un mezzo che si ascolta. Ci sono tante cose da vedere nella radio, come ci sono tante cose da ascoltare nel cinema.

I maestri Stanlio e Ollio credo che siano irraggiungibili come purezza. E i fratelli Marx, dall'altro punto di vista, come generosità. I fratelli Marx, su cinque minuti che uno poteva fare tre risate, loro ne buttavano via quarantasette in piú. E poi Buster Keaton, diciamo, per la scienza. Lui è proprio uno scienziato. Charlie Chaplin è un po' al di fuori di ogni considerazione. E poi Totò, Peppino De Filippo...

Blake Edwards Fare un film con il marito di Mary Poppins è come farlo con la cognata di Zorro o con il nipote di Rin Tin Tin.

Totò Ci vogliono milioni di morti per fare un Totò. Lo guardavi e gli vedevi sempre la morte accanto.

Gli americani C'è poco da dire. Gli americani il cinema lo sanno fare, come a Prato sanno fare le tele.

Crisi del cinema Ma perché la gente non va piú a vedere il cinema in sala? Gli autori ci sono, gli attori anche, i film sono buoni: allora perché non va? Sarà perché non trova dove parcheggiare l'automobile. Facciamo i parcheggi e salveremo le sale.

Il Festival di Cannes Sono arrivato da poco e mi sembra di essere a Cuneo. Non ho ancora capito bene dove mi trovo. Ho visto solo l'interno di un albergo.

Jim Jarmusch Non è che Jarmusch mi piace, non è esatto. Sento che per lui dovrei trovare un'espressione nuova: mi slurpa!

Spettatore Piango sempre al cinema, sempre. Anche prima di entrare, quando faccio il biglietto: non capisco chi dà i soldi a certa gente.

Troisi Il corpo di Troisi era una cosa portentosa nata per il comico. Lui era un bel ragazzo, ma la conformazione del suo corpo era proprio da comico, i leggerissimi movimenti che faceva erano tutti essenziali a questa costruzione del personaggio comico. Il culo di Troisi, le gambe, il rapporto fra le gambe e il busto: sembrava veramente un burattino. Infatti si stava bene insieme sulla scena perché le sue gag sul corpo umano erano come involontarie, nascoste, mentre le mie erano diritte, esibite. Un bel contrappunto. Quella camminata quando usciamo insieme in *Non ci resta che piangere* è bellissima.

Chaplin Spiritualmente tutti i comici pensano al tragico. Mi raccontava Walter Matthau che passare una sera a cena con Charlie Chaplin era un incubo per lui. Chaplin era l'uomo piú noioso, piú tragico del mondo. Sua moglie, Carole, amica di Oona O'Neill, lo costringeva a passare ogni giovedí sera a cena dai Chaplin, e come le mogli si mettevano a parlare insieme, lui restava solo con Chaplin. Ti potevi suicidare, praticamente Bergman diventava Ridolini al confronto.

Tom Waits È stato un rapporto intenso. Lui zitto, io zitto per i primi venti giorni. Poi piano piano lui ha cominciato a emettere dei suoni, dei mugugni, senza guardarmi mai, però. Finalmente, un giorno, mi ha parlato ma poi è scappato di corsa. Ho saputo dopo che la moglie aveva partorito. Ed è finita lí, perché da quel momento non ha parlato piú. Insomma, conoscendolo si rimane delusi perché è effettivamente come lo descrivono. Ha una casa puzzolente, piena di topi, e tiene appeso sul water uno Chagall. È un personaggio che rimane stampato nel cervello e ha una filosofia waitsiana dalla quale è difficile slegarsi. È uno capace di soffrire della sofferenza e di godere della goduria. Per ricambiarlo io gli ho insegnato *Nessun dorma* di Puccini, *Come ti vorrei* e *Dammi la tua mano zingara* di Iva Zanicchi.

La retorica del cinema Ho un po' un atteggiamento da bischero verso la retorica del cinema. Io non posso dire al direttore della fotografia: «Spostami questo bruto». Mi piace scherzare con la troupe. A me poi piace piú far l'attore, essere quello che deve esser cucinato e non quello che cucina, insomma: essere la pietanza e non il cuoco.

Babbo e figlio È che quando si fa il regista, bisogna fare il babbo, mentre facendo l'attore si può fare il bambino che è scappato di casa. Ecco, io dirigo restando un bambino scappato di casa: non riesco a essere babbo.

Poesia su Ferreri
Scorbutico, iracondo, buffo e basso
il maestro indiscusso dei Cahiers
cinico, torvo assai, peloso e grasso
è tornato Francesco Rabelais.

Fa ciò che vuole, libero, eccessivo
sputa sul cielo, sull'autorità
in un mondo di morti il solo vivo
è tornato fra noi Gargantua.

Il suo occhio contempla le bassezze
e tutto ciò ch'è fuor dell'ordinario
crollano i miti, i dogmi, le certezze
bombardati dal Gran Veterinario.

La sua vision del mondo è un arabesco
di folgoranti idee, d'orrendi fatti
un poco Lévi-Strauss, un po' Ionesco
un po' Sigmund Freud, un po' Togliatti.

Risponde col silenzio alle domande
agli attori non dà un'indicazione
eppure nel suo cinema si spande
il rigore della rivoluzione.

Ma io l'ho conosciuto quello gnomo
son stato sulla barca di Caronte
m'ha insegnato le viscere dell'omo
e da che parte si guarda l'orizzonte.

Un elegante tragico giullare
che gioca con la morte e gli ingegneri
anch'io sono affogato nel suo mare
è tornato tra noi Marco Ferreri.

Copioni Gli americani continuano a mandarmi copioni in inglese perché pensano che io li capisca, ma non è mica vero. Poi gli telefono, gli invento delle cose, very good, but now I'm busy.

Fellini Un bell'uomo odoroso, elegante, vispo. Metteva in subbuglio il corpo e l'anima. Era come avere davanti una giraffa. Un mistero per davvero. Che parlasse della Santa Trinità o della rughetta era la medesima cosa perché sdipanava nel capo una tale voglia di ascoltare che tutto diventava firmamento. Quando arrivava sul set si alzava un vento che faceva bene al mondo. Vallo a ripigliare un uomo cosí. «Non ne rinasce», si dice quando muore una persona molto bella. Fellini per me c'è sempre stato, fa parte della natura, è come se fosse morto l'olio o fossero entrati in coma i cocomeri. Dove sarà ora? Boh! Magari sta giocando a bocce o sta imparando a ballare il twist. Dovunque sia, gli vorrei dire una di quelle cose che viene il dubbio di non aver mai detto: caro Federico, ti voglio bene e ti ringrazio tanto.

Improvvisazione in morte di Fellini
Quando muore Fellini il grido è forte
spacca la terra che improvvisa piange
lacrime dal Marecchia fino al Gange
alluvionano il mondo alla sua morte.

Quel giorno, dimmi chi non lacrimava
nemmeno la persona la piú frigida
pianse Rondi co' Akira Kurosawa
pianse la Loren con la Lollobrigida

pianse Anita e Marcello, pianse il Sole
pianse Mollica lacrime a bizzeffe
pianse anche i vermi e tutte le parole
quel giorno cominciavano per effe.

Quando muore il maestro di Amarcorde
anche i poeti abbassano le teste
era piú bello lui d'Harrison Forde
era piú sessy lui di Mae Weste.

Era leggero come Cavalcanti
saggio come i filosofi tedeschi
umano come sanno esserlo i santi
profondo come Fjodor Dostoevskij.

Elegante, narciso, mai avaro
lui era insieme Topolino e Pippo.
Lugubre come Antonio Fogazzaro
buffo come Peppino De Filippo.

Quando dava l'azione con un rombo
il set s'illuminava d'alabastro
era come Cristoforo Colombo
un condottiero come Fidel Castro.

Lo studiavan le psicoanaliste
ma a lui nessuno mai tolse le brache
Fellini avea piú forza di Maciste
e piú immaginazione di Mandrake.

Dolce come Verlaine, come Beatrice
e maledetto come James Dean
casto della purezza d'Euridice
intelligente come Rin-tin-tin.

Mi han detto che era morto e ebbi uno schocche
come se fosser morte le albicocche.

Fellini:
mi hai avviluppato con le tue passioni
e per saluto estremo ti dirò
citando un bel refrain di Little Tony
che t'amo, t'amo, t'amo e t'amerò.

Da Fucecchio a New Orleans. Il mio cinema

In occasione dell'uscita in Svezia del *Mostro* Benigni rilascia l'intervista che segue.

BENIGNI There is a very swedish atmosphere in *The Monster*, with the melancholy and the joie, l'allegria, comment on dit? What is the name of your program?

GIORNALISTA «Film Chronicle».

BENIGNI Ah yes. «Film Chronicle». My favourite program. What is the second question?

GIORNALISTA What can you say about the film?

BENIGNI First of all, I would like very much to come to Sweden. It is my favourite country, as I told you before. What is the question, Gunnar?

GIORNALISTA What is the film about?

BENIGNI What film? My film? *The Monster*? *Il Mostro*? *Le Monstre*? And in Swedish?

GIORNALISTA *Monstret*.

BENIGNI *Monstret!* Quel beau titre! Maybe I take it

in Italian. *Monstret* is a film about a monster, needless to say, ça va sans dire. Very happy to make this interview, Gunnar. I forgot the question one more time...

GIORNALISTA About the film...

BENIGNI Ay, yes. It's a classic comedy about misunderstanding. Some people think I am a monster. Very easy to think I am a monster.

GIORNALISTA Can you tell us the story?

BENIGNI There is a beautiful woman. I fall in love with her. This is a very good idea for a movie, no? And then I jump on her and I make love to her. The all movie. And then, we stop and say: «Hello, how are you?» «Very well, thank you. Ah ah ah!» «Film Chronicle» is a really good program!

GIORNALISTA Will you continue doing films as an actor?

BENIGNI Of course! Actor is the most romantic work in the world! La plus belle chose du monde! I wait for the directors to call me! My phone number is 06-56 58 56. I can pay. In cash?

Berlinguer ti voglio bene È il primo film che hanno visto il mi' babbo e la mi' mamma. Siccome non erano mai stati al cinema, ci sono andati come all'unico posto pubblico che conoscevano, la sala da ballo, sono entrati alle quattro e sono usciti a mezzanotte. Gli altri ricordi che ho del film son tutti legati al corpo. Ero piccolo, miope, peloso, povero, e Berlinguer mi ha dato da mangiare, m'ha trovato lavoro, ho comprato i fiammiferi, m'ha fatto dare quelle decine di mila lire alla famiglia...

All'epoca era un po' violento, con la storia di uno che perde la mamma al gioco e aspetta il suo migliore amico perché ci faccia l'amore la notte stessa. Aveva il suo stile, via. E mi piaceva perché c'era questo erotismo unito alla mamma e toccava il tema del corpo e del godere e del patire, insieme alle vicissitudini della famiglia e dell'onore.

Non ci resta che piangere Fare un film in due è come fare l'amore in tre.

Il Piccolo Diavolo Lasciatemelo dire in inglese, è veramente *revolting*, una bischerata. Una via di mezzo tra *Pinocchio* e *Ombre rosse*.

È girato in due versioni, una italiana e una americana. Sinceramente, quella americana, essendo per gli americani, è molto piú bella e intelligente, direi un capolavoro. In quella italiana, invece, abbiamo messo tutti gli scarti...

È un film cosí cosí, di un ovvio strepitoso, quell'ovvio che nasconde la banalità, l'assuefazione al tutto fatto, al tutto detto, al tutto visto e al tutto scritto.

Daumbailò È un film americano al 100 per cento, infatti a un certo punto c'è un break su Johnny Dorelli e poi ci raccontiamo che Vianello non è conosciuto in Usa come dovrebbe. Poi il film si sdipana sulla problematica della perdita di identità della classe media Usa.

Si è girato tutto a Fucecchio, tra Empoli e Firenze. Abbiamo detto New Orleans per fare effetto sul pubblico.

Johnny Stecchino È diventato uno strappacamicia cinematografico, e non piú un levamutande televisivo.

Il figlio della Pantera Rosa Quanto mi danno per girare il film? Poco, non piú di venti miliardi di dollari. E dovendo pagare di tasca mia la controfigura, va a finire che ci rimetto.

Una clausola del contratto mi obbliga a fare l'amore tutto il giorno, il sesso fa venire le idee.

Le critiche? Tutte eccezionali, tranne quelle negative. Quelle positive parlavano benissimo del film.

Sono venuti a vederlo Bush, Reagan e anche Berlusconi. Il film gli è piaciuto da morire, solo che alla fine invece di mettere «fine» voleva metterci «Fini». Altro che Cavaliere Nero, è il Bischero Nero.

Il mostro Pacciani non c'entra assolutamente niente. Questa è una commedia senza nessun riferimento alla cronaca. E poi non è che se faccio un film intitolato *Il bischero* dev'essere per forza un film su Berlusconi.

Il mostro È di destra magari con tendenze al liberismo democratico, le vittime sono di sinistra, gli inquirenti di centro.

Poesia su Giuseppe Bertolucci

O tempo tu che ogni esistenza sbucci
e menerai al torsolo la mia
non canto te, né la Democrazia
canto l'omo Giuseppe Bertolucci

Di schianto me lo son trovato intorno
negli anni in cui la vita è scintillio
da dove viene ve lo dico io:
«Dalle Maremme con cavalli giorno»

Benedetto è Giuseppe e mai non muoia
chi l'ha toccato e chi l'ha conosciuto
chi s'è inzuppato tramite il suo imbuto
dentro alla damigiana della gioia.

Guardatelo, egli è un giorno nuvoloso
un Crociato che inciampa sulla lancia
pare una gita d'Ungheresi in Francia
Sale e Tabacchi il giorno del riposo

Piú candido e piú bianco della neve
guardate le sue gambe, la sua ciccia
fa proprio effetto sia cosí massiccia
la sua figura e al tempo stesso lieve.

È nella sua tantezza un succulento
una generazione di beati
un treno pieno zeppo di soldati
Giuseppe non è un omo è un firmamento.

Giuseppe è lo sbadiglio di Pilato
è Endimione, Walt Disney, il fou-rire
e nel lungo viale del patire
è l'unico lampione fulminato

Chi vuol bene a Giuseppe l'avrà vinta
con lui non s'ama un omo, s'ama un gruppo
di sentimenti accesi di cui è zuppo
come la pancia di una donna incinta.

Che gli venisse un colpo a chi s'azzardi
a avere un dubbio sulla sua persona
diventasse straniero in ogni zona
e l'allegria facesse sempre tardi.

Che ogni notte trovasse il letto zozzo
scoprisse le sue figlie 'un son cresciute
l'abbandonasse a scatti la salute
come fosse uno sciopero a singhiozzo.

Di formaggi e di vini siano zeppe
le case altrui, e al nostro solo avanzi
per il motivo, ve l'ho detto dianzi,
ch'egli ebbe a dubitare di Giuseppe

Quel Giuseppe ch'è simile a un castagno
col vento che gli soffia sempre accanto
e chi non l'ama lo scegliesse il pianto
come perenne, stabile compagno.

Telebenigni

Il telegiornale Spero sinceramente di venir dimenticato. Mi piacerebbe vivere una vita di buffone come i veri buffoni, quelli del Medioevo, che sono cosí belli e non ci sono piú in Italia. I valori poetici amorosi erotici sono tutti sfasati. Oggi il re della nostra epoca è il consumismo, non ci sono piú re ma il consumismo è il Re vero, allora mi piacerebbe essere al suo fianco e fargli da buffone. Per questo avevo chiesto di fare il telegiornale, perché l'informazione è un altro re del tempo d'oggi, no? Allora se facessi il telegiornale sarei il buffone del re, perché il telegiornale è il re della televisione.

I negozi Vegè La televisione è come quando in un piccolo paese c'era un negozio di alimentari Vegè e poi è arrivata la Standa e il negozio ha dovuto chiudere. Ecco, la televisione è la Standa dello spettacolo e noi non abbiamo piú i bollini Vegè da raccogliere.

La TV Ha bisogno del cinema come i fast-food di hamburger.

Tempo reale Anche se avessimo Budda, Shakespeare e Dante, la terza volta che li vedi da Santoro o da Vespa o da Costanzo dici: «Ancora 'sti tre scemi!» Dopo che li vedi in TV, qualsiasi cosa dicano, sembrano scemi.

Bobbio e la TV Se mi incontro con Bobbio e discuto del comico, mi vergogno il giorno dopo in televisione a fare il bischero, perché penso che Bobbio mi stia guardando, allora comincio a fare un discorso serio, mi guardo il corpo, ho pudore... e tutta la montagna di neve si scioglie.

Il bacio a Pippo Baudo Piú schifoso di quello di Andreotti a Riina.

Firenze Sogna Con questa passerella mi sembra di essere su un'autostrada. Piú che Firenze Sogna sembra la Firenze-Signa.

Emilio Fede Ma lei mi tocca negli affetti piú cari, praticamente mio cugino.

Valentino Valentino, le posso dare del tu? Che soddisfazione averti qua! Valentino regalami un completino, Ferrè regalamene tre. Oh Valentino... Escluso il presente, gli stilisti sono tutti un po'... come dire... sul sesso... un po'... come dire... lo posso dire? Gli piace l'omo. A molti gli piace l'omo. Valentino non... sugli omosessuali, per carità... io lo dico subito: so anda e rianda, mi va bene tutto, quando si tratta di godere non faccio distinzioni. Se si tratta di patire no, ma sul godere mi sta bene tutto: donne, omini, cavalli, capre, zucche, barbabietole...

La mia geografia. Misericordia e dintorni

Misericordia A Misericordia c'era la crisi, non si mangiava. Tant'è vero che fin da ragazzo me ne andai a Vergaio, a Prato, ad Arezzo, ma neppure a Vergaio, a Prato, ad Arezzo si mangiava.

Vergaio A Vergaio, il mio paese, essere comunisti era come dire che uno camminava, perché erano tutti comunisti. A Vergaio, dove l'88 per cento era del Pci e gli altri dodici non si vedevano mai, essere comunisti significava essere del posto.

Firenze Il Campanile di Giotto è pieno di buchi. Dice anche le Cascine. Per forza, lo so.

Perugia Ah amici di Perugia, che roba, ma la soddisfazione, l'erotismo, tutto del corpo umano che mi esce fuori, esplodendo in questa perugiosità della nazione tutta... Quanto tempo era che non venivo qua, in questa città. Una città cosí piena di perugini, e piena di amore verso la... ponziponzipà. Fin da piccolo dicevo alla mia mamma: portami a Perugia. Mi direte: non ci credo, non è vero, comunque... l'abbiamo buttata là perché nell'inconscio c'era questa Perugia. Mi direte: perché ami cosí Perugia? Eh chi lo sa! Non so perché! Sono quelle cose che nascono spontanee nel corpo e si elevano nell'anima del perugino. Non è a caso che parlo cosí di Perugia, questa città dove c'è nato appunto il Perugino – vorrei vedere che il Perugino fosse nato a Lucca, che discorsi sono! – dove c'è nato Sandro Penna, c'è morto Manzoni, ci s'è ferito Garibaldi, c'è rimasta incinta Nilde Jotti, c'ha fatto la pipí Pertini, c'ha mangiato Leopardi, ci s'è ferito Dante... e chi piú ne ha piú ne metta e chi meno ne ha meno ne metta e chi ne ha cosí e cosí... ma che ne metta cosí e cosí. Ma che cazzo me ne frega di quanto ce n'avete! Lasciamo perdere...

Ah, porca madoska, questa Perugia... Cosa dire di questa Perugia amorosa... Ma lasciamo perdere il campanilismo, che ognuno c'ha i suoi eroi. Noi c'abbiamo la statua a Enrico Toti, che lanciò la stampella contro il nemico. Ma in Austria c'hanno la statua all'austriaco che ha preso la stampellata in faccia! Uno con un bernoccolo cosí, tutto è relativo...

E poi 'sto centro storico: ogni volta che torno a Perugia, o c'è una via cambiata o una chiusa. Dalle cinque alle sette, dalle otto alle nove, dalle sei alle sei meno un quarto... Non ci capisco niente! O si apre o si chiude! Con il centro storico di una città è come avere un rapporto erotico con una donna! Non è che mi puoi fare avvicinare al centro e poi...

– No, qui no, fermo!
– Eh?
– No, qui c'è troppo traffico!
– E allora dove vado? Mi fai passare di dietro?

La città è come una donna, eh...

– Corsia preferenziale? Come? Tu sí e io no, come sarebbe? Io rimango qua e tu là, eh...

Bisogna, aprire 'sto centro storico...

Amici di Perugia, mi viene una voglia di sdraiarmi ignudo in mezzo al popolo perugino... Che soddisfazione... Bestia della miseria da quanto tempo volevo vení a Perugia...

New York Di New York posso dire che è una città agricola in cui però la pastorizia sta prendendo piede.

Bosnia Le lotte intestine sono sempre le peggiori. Sarebbe come Sezze contro Priverno: un macello.

Firenze Firenze fa parte della Toscana. E cosa sarebbe l'Italia senza la Toscana? L'Emilia Romagna sbatterebbe nell'Umbria, la Liguria scivolerebbe nel Lazio, ci sarebbe un capovolgimento totale. E cosa sarebbe la Toscana senza Firenze? Come fa uno da Arezzo a andare a Bologna? Se passa da Parma ci arriva, ma da sotto? Per andare da Pisa alle Marche bisogna passare di qui. Firenze c'è sempre voluta e ci vuole. Chi altri nel mondo, non dico l'Italia, può vantare la famosa frase: sono fiorentino? Solo a Firenze si può dire. Che ci provi a dirla... un perugino...

Firenze Adesso vogliono mettere le mutande ai cavalli perché fanno la popò in mezzo alle strade. A questo punto mettiamo anche il reggipetto alle mucche e festa finita. Ma se l'unica cosa sana a Firenze era la popò dei cavalli! Ora ci levano anche quella?

New Orleans Volevo andare a New Orleans a sentir suonare. Ma lí nessuno conosce una nota, non si trova un negro a pagarlo oro, niente. M'hanno deluso. Non c'è nemmeno il Mississippi. Sembra Alessandria: tre case e tutti chiusi dentro.

America Diciamo che rappresenta la parte onirica dell'Europa e viceversa. Il popolo americano è un popolo distante da noi specialmente all'andata, quando ci mettiamo sette ore per arrivare laggiú. Al ritorno, per via del vento a favore... Quella gente che io oserei definire americani si butta ignuda nella vita e nelle passioni. Gli americani rappresentano per me quello che i francesi rappresentano per Massimo Troisi, un popolo straniero, assolutamente diverso dagli svizzeri. Passeggiare per le loro città e incontrare attori come Jack Nicholson e Toshiro Mifune ti dà una sensazione che non trovi assolutamente passeggiando in Portogallo.

Svizzera Risoluzione del problema dell'economia italiana: conquista della Svizzera. La Svizzera, ragazzi, non per essere demagogico ma, veramente, non è una nazione, è proprio una banca viaggiante! In Svizzera bisogna andarci entro l'una e mezzo perché chiudono! Oramai si danno piú soldi al primo svizzero che si incontra:
– Buongiorno, son di Zurigo...
– Oh!, mi reggi 'ste 200 000 lire? Guarda, ce l'avevo in tasca...
A parte che la conquista della Svizzera... naturalmente si fa non con la violenza, con il dialogo, no?
Il dialogo con lo svizzero è piuttosto semplice. Non è che c'hanno tanti argomenti: c'hanno le banche, appunto, gli orologi, le mucche, la cioccolata, il latte, Guglielmo Tell qualche volta.
Quando si incontrano due svizzeri:
– Buongiorno, che fai?
– Andavo in banca. E tu?
– Eh, sono stato a prendere il latte, ora vado a prendere una cioccolata, che ore sono?
– Mah! C'ho qui l'orologio...
– Sí? E la mucca?
– L'ho lasciata a casa con la cioccolata.
– Vieni a pigliare un po' di latte in banca?
– No, ho preso l'orologio in latteria.

– Allora piglia l'orologio con il latte, io prendo la mucca con la latteria e si va in banca a pigliare un orologio...
– L'ho preso a casa, il latte!
– Piglia un po' di cioccolata.
– La mucca? No, con l'orologio!
– L'orologio con la mucca?
– No, c'ho la banca con la latteria.
– Piglia la latteria. Via, ti saluto, vado in albergo.
– Stai in un hotel?
– Sí.
– Che hotel?
– Guglielmo...
– Guglielm' Hotel?
– Sí, ciao!
– Ciao, ci si vede.
– Arrivederci...

Io e Schopenhauer

Non ce la fo piú Non ce la fo piú, come disse quello che fece la popò in mezzo all'ortiche.

Il comico Fare il comico oggi penso che sia un lavoro di grande goduria. I comici sono dei grandi masturbatori.

Battute Hanno detto che, delle mie battute, non resta mai niente. È vero. Ma perché, ci si ricorda forse una battuta, una sola, di Stanlio e Ollio, o anche di Buster Keaton?

Recitare È dolore, estasi del movimento, affettazione del divenire, occultazione del presentare. Recitare è entrare nel personaggio e uscire, entrare e uscire, avanti e indietro, e non vorrei andare oltre in questa similitudine...

Comicità e tragedia L'impulso dentro di me è fare il tragico, ma non c'è niente da fare, la carne è fatta in maniera comica. Proprio le poppe, i peli che c'ho addosso mi si muovono in maniera comica. Ogni volta che penso a un film nuovo penso a una di quelle cose tragiche, ma proprio pesanti. Poi le ginocchia, le cosce partono in maniera comica e mi ributto sul corpo.

Comicità ed erotismo Comicità è pornografia. Umorismo è erotismo. Io mi sono incamminato piú negli studi pornografici che in quelli erotici. Io le battute posso rubarle, citarle, ma non fanno parte del mio stile. Sono meccaniche, appartengono al «riposo del comico». La comicità deve essere intestinale.

Scurrilità La comicità è natura. L'uso di termini sessuali diventa un discorso. Non si può dire che ho parlato del pisellino. La scurrilità è la zolla, l'essenza della terra, il ventre, il materialismo del comico. La nostra tradizione è scurrile. Bisogna avere gaudio e volare, volare sulle parole.

La fame La mia è una fame atavica. Noi Benigni abbiamo lo stomaco vuoto da due secoli. Ricordo che una volta mia madre stava preparando del pane sul forno: per godermi da vicino l'operazione, finii col culo sul fuoco. Ho ancora nelle chiappe il marchio della vista del pane.

Tragico e comico Il tragico è piú alto, diciamo la verità, è inutile far discussioni. Ora non vorrei sputare nel piatto dove mangio, ma facendo cosí non ci sputo, anzi ci metto la minestra bona bona sopra, nel senso che il comico ha la sua vita, la sua grande poesia, ma il suo grado di strepitosaggine deriva proprio dal fatto che non deve essere ufficializzato. È come un dono della grazia della natura che è dato al comico: la cosa piú difficile – perché i film comici sono i piú difficili da fare – e quella meno considerata.

Solo Il comico è solo, come Marlowe.

Voce e corpo Voce e corpo sono inscindibili. Charlot, nei suoi primi film, parla con il corpo. Aveva un corpo cattivo e poetico. Era un nobile di corpo. Con la parola c'è il rischio di diventare piccolo-borghesi. «Ci sono personaggi che sanno tutto e purtroppo è tutto quello che sanno». Non ricordo chi l'ha detto, ma ricordo il culo di Charlot in *Luci della città*, il calcio che dà al monello, il suo sguardo nella cinepresa. Oggi è tutto piú difficile, la voce è creazione, la lingua un sistema di citazioni. Bisogna usare la voce come un commento musicale del corpo.

Alcol Sono condannato alla lucidità. Astemio totale: devo smettere di non bere.

Dio e Pci Io sono il frutto di un conflitto del Pci con Dio, un conflitto che ha dato una grossa teatralità alla politica. Noi toscani, a parte Machiavelli, non abbiamo avuto in campo teatrale piú nessuno: non c'è stato teatro in Toscana e questo perché è difficile far ridere parlando la lingua dei padroni (siamo pur sempre gli inventori dell'italiano) mentre è facile far ridere con la lingua dei servitori (il napoletano, il veneto, il siciliano), e poi perché mancava un conflitto politico. È stato proprio il Pci a colmare questa lacuna, a far nascere un conflitto con Dio.

Lo zero Ma lo sai quanto ci hanno messo gli uomini per inventare lo zero? Millenni e millenni. Avevano tutti i numeri, ma lo zero no. La storia del pensiero si divide in prima e dopo lo zero. Il senso del nulla è entrato nella vita di tutti i giorni. E il nulla è diventato come una caffettiera. E come ti fa a venire in mente un numero che indica che non c'è nulla, il nulla? Qui ce ne sono quattro, qui ce ne sono cinque e qui ce ne sono zero. È come dire: «Qui ce ne sono non ce ne sono». Altro che Einstein! Per intuire lo zero ci vuole un cervello grosso come il Colosseo, che infatti somiglia a uno zero.

La trasgressione È come chiedere al contadino cos'è la vanga.

Il niente Il niente, la gaiezza, la gioia del niente! Quanto è piú significativo e ideologicamente piú potente non dire niente, essere puro stile! Come si sta bene nel corpo quando ci si sente stanchi per non aver detto niente! Essere perfettamente inutili. Perfettamente. Mai sporcati da un'idea, diceva James.

Culo Il culo è comicità, fisicità, commedia dell'arte. È Bertoldo. È la gioia dei bambini. Il culo è...

La terra e il corpo Il mio babbo col corpo può scrivere delle poesie, il corpo insomma è una zolla. Si confonde, si mimetizza con le zolle, il mio babbo. Non c'è nessuna differenza. E infatti ci sono persone che si tirano le zappate sui piedi o si tagliano le dita con le falci perché si confondono con la natura. Si tagliano, entrano dentro le falciatrici, muoiono, fanno parte delle zolle.

Comico e matematica Il comico nasce dal numero. Io non ho parole, ho affetto, sentimento. Umberto Saba diceva che è una suprema forma di bontà. Fellini dice che i comici sono dei benefattori dell'umanità. Non ricordo in proposito cosa diceva Teresa di Calcutta.

Perché Perché non ho scritto *La Divina Commedia*? Perché non c'ho pensato.

Terra e mare Ci sono marinai e ci sono uomini di terra: io appartengo alla seconda categoria. Sono un contadino io, mi piace la campagna. Mai la sabbia mi ha visto ignudo. L'acqua non mi garba. Sono proprio refrattario. E difatti non mi lavo mai.

Pubblicità Mi sono sempre rifiutato di lavorare per la pubblicità, anche in tempi piú neri, anche quando avevo un gran bisogno di quattrini. Mi sembra fuori posto per un comico, uno che vive di satira e di ironia. E dire che mi avevano fatto tante proposte allettanti: per una margarina, per uno scooter, per varie qualità di caffè, anche per un tipo di sapone per l'igiene intima femminile.

Le ispirazioni comiche La Bibbia, come testo, e poi Rabelais e Campanile, Swift, Jacob, Carroll, Sterne del *Tristram Shandy*, Kafka e Musil, gli autori di una vecchia antologia di Bertolucci e Citati. E poi Landolfi che fa paura, è spaventoso, un orrorifico del quotidiano. Lui è un vero comico perché il comico fa sempre paura. Borges diceva che la tragedia è piú poetica della comicità, piú importante. Ma Chesterton mi ha fatto capire anche quanto sia piú facile far piangere. Ma si va tutti verso la morte e allora a questo mondaccio vuoi lasciare opere serie. Anche Woody Allen vuol farci sapere che patisce. Mi tocca trovare la comicità nell'opera di Quine, l'ironia nella filosofia di Kant. Viva Buñuel che è rimasto ragazzo tutta la vita e come Groucho Marx ha parlato di questo mondaccio sorridendo. Ma è poi la poesia che si riesce a raggiungere che ha valore. Quando dài poesia non fa differenza se è attraverso il riso o il pianto.

Gadda e Schopenhauer Ormai li leggono anche quelli della curva sud, son tremendi...

L'anonima sequestri C'ha rovinato. Ogni estate ne sequestrano miliardi. Con il corpo di polizia che c'abbiamo, comandato da quel bischero di Gava! Mezzi c'hanno l'orecchio tagliato. Oramai è diventato uno status symbol. Uno che ha tutt'e due gli orecchi è un poveraccio, non conta mica nulla.
– Eh, quello non c'ha una lira.
– Ieri sera ho visto uno che non c'aveva neanche un orecchio.
– Cazzo, dev'esser miliardario!
Al mio paese lo dicevano:
– Lo vedi, dicevi che non c'è piú distinzione fra il ricco e il povero... Anche quel povero Belardinelli del caffè Jolly a Firenze. Era ricco, gli hanno tagliato un orecchio a cinquant'anni...
Io ho detto:
– A lui gli avranno tagliato un orecchio a cinquant'anni, ma a noi ce l'hanno messo nel culo da quando siamo nati...

Furbi o scaltri? La furberia è una qualità italiana potente, però ci ha rovinato. Sarà meglio magari diventare scaltri: è una cosina un pochino piú nobile...

Sentimentale o romantico? Sentimentale non lo so, non credo. Romantico forse sí: a vedere il femminile del mondo si rimane sempre attoniti.

Effetti collaterali Uno piglia una medicina per il mal

di denti: «Indicazione: male di denti». Poi c'è «Controindicazioni», una sfilza. «Il medicinale può causare disturbi alla vista, giramenti di testa, vomito, diarrea, emorroidi, cancro all'orecchio, attenta alla tu' sorella, ferma i tu' cugini, attenzione la domenica». Un casino! Non finisce mica lí: c'è gli «Effetti collaterali: è da non pigliarsi prima dei pasti, in gravidanza, dopo cena, chi c'ha la targa dispari, chi c'ha il cognato». Poi c'è «Avvertenze: usare con cautela, fuori dalla portata dei bambini, non lo dire al tuo vicino di casa, pericolo, attenti...» Uno si leva il mal di denti, diventa un disgraziato...

Cavallo pazzo!
Improvvisazione a Perugia, 1989

Avevo cominciato una serie di improvvisazioni, tanto tempo fa, a Perugia, non mi ricordo i temi. Per divertirmi anch'io, invece di andare a repertorio...

Se voi mi date un tema per provare se ci si diverte, se viene bene vi ringrazio, se viene male zitti senza raccontare niente.

– Che sei andato a vedere Benigni?
– No, c'avevo mal di testa.

Insomma, inventate una scusa. Per divertirsi un po' insieme, cosí diciamo, sennò continuo a parlare del sesso e di quelle cose, chissà dove si va a finire.

Se uno mi dà un titolo, qualcuno di voi, due o tre titoli [*«Papa», «Andreotti» dal pubblico*]... Aspetta, no, senza Papa, Andreotti, Craxi, che se n'è parlato prima. Fanno schifo proprio all'ombelico umano. Lasciamo perdere. Un titolo, come dire: l'asciugamano della mi' zia Adelina. Uno per volta, non capisco nulla. Questa zona qua, sí... «Giuditta», che c'entra? «La luce»? Un titolo proprio, un titolo, non solo una parola. Come? «Chiappo di mele»? Come? Quello lí delle mele che ha detto? «Campo di mele»? Vabbè, campo di mele...

Un altro, vai... Contro la scuola... Oh, ma non è una cosa politica, volevo fare una cosa per divertirsi, ma... «San Francesco»? San Francesco!!! L'ha detto come se fosse Bruce Springstín, ahò, San Francesco!!! Una delle figure piú belle e poetiche... lasciamola stare! Qua, le mando il mio saluto, «Beata solitudo sola beatitudo». Il mio Francescone, uno dei pochi buoni che c'è stato, lasciamolo qua...

Come? No, quel titolo là, mi piaceva prima, uno l'aveva detto... Ma che «Maradona», che dico di Maradona, con quell'orecchino, la barba, sembra il nonno del Corsaro Nero, che io ogni volta che lo vedo, a Maradona, un bischero di quella maniera...

Un tema proprio per... ma cazzo, non capisco proprio niente, eh... «Gli scavi»? «Gli scapoli». Porca putt... Allora ecco, questo qua che ha urlato ora, fatemi sentire. «Il problema dei vetri superflui»? Allora uno l'abbiamo trovato: «Il problema dei vetri superflui». Poi un altro... Che? Ah! «Il problema dei peli superflui»! Qui siamo sempre in una zona che mi piace. Il problema dei peli superflui! E poi, per accoppiarlo con un altro?

Questo qua, zitto un po'... «Che cos'è che mi gonfia la mutanda»? Ma mi avevan detto che a Perugia c'era un pubblico raffinato... I peli, le mutande! Comunque condivido, professori. Allora: «Che cos'è che vi gonfia la mutanda» e: «Il problema dei peli superflui».

Datemi una parola per chiudere, che uno dice: «Quando dici questa, chiudi». Zitto, questa... come? «Cavallo zoppo», vai.

Allora: «Il problema dei peli superflui», «Che cos'è che vi gonfia la mutanda», oppure: «Che cos'è che vi gonfia i peli superflui», «Il problema della mutanda»... Insomma, si può rigirare. Quando dico «cavallo zoppo» il dramma è finito, tre volte cavallo zoppo, cavallo zoppo, al terzo cavallo zoppo si va via. Perché sennò l'improvvisazione può durare da un quarto d'ora a cinque ore e quaranta...

Roberto Benigni al Palasport di Perugia, ventuno e

trenta. Il testo lo trovate su Garzanti. S'apre il sipario... s'apre il sipario... cazzo, ora voglio vedere che si fa qui... «Il problema dei peli superflui», «Che cos'è che ti gonfia la mutanda», «Cavallo zoppo»... Via, andiamo!

– Francesco, Francesco, vieni!
– Che c'è?
– Svegliati!
– Che svegliati, non son mica addormentato.
– Ah, t'ho visto steso in terra!
– No, io sto qui il pomeriggio sempre steso in terra.
– Alzati!
S'alza Francesco.
– Sono all'estero.
– Ma da dove vieni te?
– Da Perugia.
– Da Perugia?
– Sí, sono umbro. Porca miseria, e 'ndò siamo qui?
– Che ne so, siamo all'estero, a Vladivostok.
– Vladivostok? Ma che sei venuto a fare qua?
– C'era un convegno sui... mi sono scordato.
– Ah sí? Allora guarda, bisogna tornare a Perugia perché c'è un problema tremendo.
– Che problema?
– A Perugia è successo un casino, c'è la gente piena di peli.
– Piena di peli?
– Vedessi, ma non si riconoscono! Tutti, eh, son pelosi. Hanno fatto una manifestazione contro le pellicce e si son messi tutti i peli addosso naturali.
– Ma come, è un problema! Sono peli normali o sono peli flou?
– Ancora piú che flou, super, super flou, peli superflou, peli superflui...

Escono fuori, dice:
– Siamo a piedi.
– E che ci frega, da Vladivostok a Perugia ci vuole un secondo.

Vanno fuori e trovano l'indicazione «Perugia a destra», vanno a destra, appena usciti fuori passa un motociclista... e va via (non sapevo che fargli fare, a questo...) Dopo ne passa un altro... e va via pure lui: insomma, era pieno di motociclisti che passavano e andavano via. A un certo punto dice:

– Francesco!
– Non mi chiamo Francesco, mi chiamo Gianfranco e son vent'anni che mi chiami Francesco, e dimmi il mio nome imbecille, che cazzo!
– Non dire parolacce.
– Imbecille, ne dico quante mi pare e vaffanculo, vaffanculo te!

S'incazza, gli dà uno schiaffo sulla testa, si rimette in piedi e gli dice:
– Scusi, per Perugia?
– Guardi, per Perugia deve andare lí a destra, poi gira e torna qui.
– Come gira?
– Sí, nel frattempo io vado a chiamare uno che lo sa, e lo porto qui.

Allora, allora esce fuori (ragazzi, a raccontarle cosí sembran bischerate, ma io ero presente, era una tragedia), e dice:
– Ma quanti peli c'è a Perugia?
– Guarda, a Perugia son pieni di peli, è cresciuto il pelo anche sugli acquai, tutti pieni, tutti pelosi.
– Ma è un problema?
– È un problema proprio, prima non era un problema, insomma, andiamo!

E partono. Dopo un po', dice:

– Scusi, per Perugia?
– Ma non vede che c'è l'indicazione lí?
– Quanti chilometri sono?
– Sono 92 chilometri, vede? 104 meno 12.
– Come 104 meno 12? Non potevano scrivere 92?
– No, siccome avevano calcolato male, ce n'era 104, poi uno ha detto guardi che non è 104, è 92, e invece di rifare il cartello hanno scritto meno 12.
– E come si fa ad arrivare a Perugia?
– Quando legge 12 meno 12...

Be', va avanti, arriva un signore basso, c'aveva tutto normale, invece di essere grasso qui, c'aveva un affare qui cosí, dice:
– Ma che c'ha?
– Guardi, io son la Jolanda.
– Embè?
– E c'ho gonfia la mutanda.
– Ma lei è la Jolanda con gonfia la mutanda?
– Sí, ma non dovete pensare male, perché io qui dentro c'ho peli superflui.
– Ma lei è di Perugia?
– No, io sono di Verona, però originariamente vengo da Perugia.

Con questa mutanda gonfia va da tutte le parti, aveva una mutanda gonfia cosí, sembrava c'avesse un vestito dell'800. Dice:
– Venga con me che c'ho la mutanda gonfia, e... risolvetemi 'sto problema.

A un certo momento passa un cavallo, dice:
– Ma 'sto cavallo è un po' imbizzarrito, è pazzo o è normale?
– Questo è normale.

Sennò era troppo presto per finire, e va via il cavallo. A 'sto punto, escono dietro e dice:
– Senta, venga qua, scusi cazzo, mi deve dire lei per forza come si fa ad andare a Perugia.

– Ce la porto io.
– Prego.
– Piacere, Paolo Pioppetti.
– Pa... Paolo Pioppetti?
– Piacere Paolo Pioppetti
– Ma che va da solo o con le pile?
– Piacere Paolo Pioppetti, posso presentarmi? Personalmente preferisco parlare principiando per P. Per pietà...
– Prego!
– Permette? Per Perugia presso Pompeo Pellini parecchie prostitute parcheggiano... praticamente puttane... potremmo p... penetrarle perdutamente... però... poco pulite, prima piazziamo preservativo perché pericoloso per pisello... eh... poi... porca puttana... perfetto...
– Prego, prende pasto?
– Per primo pasta, poi pesce, pere... poco profiteroles, po' panna, po' pago, poi papà, paraponzi pà pà, Pompeo Pellini, pa...
– Eh... ma vaffanculo, mi sono stufato, insomma va' via, andate via.

Esce fuori. Perugia! Oh, arriva un altro, c'aveva una pompa in mano e c'aveva le mutande di Jolanda, e pompava su 'ste mutande. Le gonfiava, un gonfiore tremendo, un affare grosso cosí.

– Ma 'sto problema del gonfiore delle mutande va risolto.
– Guardi, me le dia a me, che c'ho un esperto di mutande a Perugia che gliele porto io, in via Indipendenza.
– In via Indipendenza?
– Sí.
– Ma è chiuso il centro storico.
– Eh, ci penso io.

Con queste mutande sottobraccio va avanti, dice [*sottovoce*]:
– Scusi...
– Scusi che? Ma perché parla cosí?
– Che ne so, mi è venuto cosí.
Una signora, dice:
– Quanti anni mi dà, lei?
– Ottantatre.
– Bravo, ce n'ho proprio ottantatre.
– E che c'entra questo con 'sta storia?
– Niente, io sono una signora di ottantatre anni, chiedo continuamente quanti anni mi danno, me ne danno tutti ottantatre.
– Va bene, arrivederla.
– Arrivederla.
Saluta e va via. Trova uno:
– Piacere, Alfredo Bandini, Ban... Bandini, Alfredo Bandini.
– Cazzo eh?, che è, Alfredo Bandini che è...
Questo parla in ordine alfabetico!
– Alfredo Bandini cazzo diciamo A B C D, sí, Alfredo Bandini, cerco di essere felice girando hotel in libertà, ma non oso pensare quando resterò solo, tutto umiliato, vecchio, zozzo.
– Ma lei è un genio, cazzo, parla proprio tutto in ordine alfabetico?
– Azzeccato, bravo! Certe donne eccitano... farei godere hostess... io la meraviglio? No, ovviamente per queste robucce siamo tra uomini, volano zanzare...
– Simpaticissimi signori, sono Siro Sironi... stupro Stefania Sandrelli.
– Cazzo, questo parla con la esse...
– Sí! Sono straordinario sulla esse. Stefania Sandrelli sexy, sise strepitose, stuprarla Sabrina Salerno...
s... s...

E va via. Dopo un po' escono fuori, dice:
– Ma 'sti peli superflui...
Cominciano a vedere chili di peli sulle strade, tutte vie pelose, sembrava erba, c'era uno con la falciatrice, tutto falciava, chiede:
– Scusi, per Perugia?
– Andate affanculo, non lo dico piú a nessuno, non lo dico piú a nessuno dove sta Perugia, son quattordici anni che sto qui e tutti a chiedermi di Perugia, basta!!
– Oh, io gliel'ho chiesto, so 'na sega che è quattordici anni che sta qui a rispondere di Perugia.
– Son quattordici anni che falcio questi peli!
Passa uno:
– Scusi, per Perugia?
– Mi sono rotto i coglioni!!!
– E allora se ne vada.
– Ma a me piace stare qui!
– E perché ci sta?
– Perché io proprio sono sempre stato qui, fin da piccolino ho detto voglio stare lí. Di chi sono quelle mutande gonfie? Guarda che gonfiore sulla mutanda!
S'avviano verso Perugia. A un certo punto, ragazzi, cos'è cosa non è, cos'è cosa non è – lo dico io per guadagnare tempo – cos'è cosa non è arrivano vicino a Perugia. Dice:
– Scusi, lei chi è? L'ha letta la *Divina Commedia*?
– No. E lei l'ha scritto l'*Orlando Furioso*?
– No.
– E allora che cazzo...
– Be', mi deve dire lei dov'è Perugia.
– Io non glielo dico, io sono la Marchesa, la contessa, Pi... Pier... Pieravanti, che n'ha visti tanti e tanti!
– E che fa qui?
– Niente, aspetto i miei figli, i conti.

– Perché, non tornano piú?
– No, non mi tornano i conti.
– E allora li rifaccia.
– Ne ho già fatti due! Non li posso rifare, i conti.
– E allora che facciamo?
– Non parli cosí alla contessa Pieravanti!
– Che fanno i suoi figli?
– Corrono. I famosi conti correnti.
Allora arriva un tipaccio tutto scuro, dice:
– Scusi tanto, ma lei chi è?
– Sono Vittorio.
– E sua figlia come si chiama?
– Vittoria.
– Cazzo che famiglia... E sua moglie?
– Vittoria.
– E che famiglia è questa?!
– Glielo faccio vedere io.
E vanno verso Perugia. Arrivati a Perugia, c'è l'indicazione «Perugia 12 meno 12». Si fermano lí, improvvisamente passa un cane sanissimo, ma sano proprio, i cani eran tutti sani, a un certo punto dice:
– Aspetteremo il cavallo, se non c'è il cane.
Prende 'sto cane e dice:
– Cazzo, di chi è 'sto cane?
S'incazza perché lo morde, gli dà delle botte tremende, e non s'accorge di essere in Olanda, a L'Aia, e stava menando un cane proprio a L'Aia. Arriva un poliziotto e gli dice:
– Non lo sa che non si può menare il can per L'Aia?
– Cazzo, non mi ero accorto di essere a L'Aia, pensavo di essere a Rotterdam, ma si può menare il can per Rotterdam?
– Certamente, ma per L'Aia no.
Piglia e lo mette in galera. Dopo un anno di galera il cane continuava a morderlo, lo prende e gli dice:

– Quando usciamo ti porto a Rotterdam e t'ammazzo, maledetto!

Infatti escono, va a Rotterdam, mena il can per Rotterdam e l'ammazza. L'ammazza e gli vengono dei sensi di colpa tremendi. Torna a Perugia, vede un cane perugino tipico con un uomo accanto. Gli vengono dei sensi di colpa, dice:

– Scusi, morde il suo cane?
– No.

Va per accarezzarlo e quello gli morde una mano.

– Cazzo, m'aveva detto che non mordeva il suo cane.

– E infatti il mio cane non morde, che cazzo ne so di chi è questo. Io non l'ho mai visto 'sto cane. Questo non è il mio cane!

– Ah... ma 'sto cane è normale?
– È un cane pazzo. Qui tutti i cani sono pazzi.
– Solo i cani?
– No, anche altre razze, gliele farò vedere tra poco.
– Che tipi di razze?
– Ci sono cani pazzi, e anche cavalli, ma cavalli ce n'è uno solo.

Il cavallo non si vedeva proprio, infatti... esce fuori, è appena uscito fuori, porca madoska maiala, arriva un prete, dice:

– E lei chi è?
– Sono un prete, non si vede, l'ho appena detto.
– Infatti eh, vabbè...

E trova... e trova... ma che cazzo ne so, non riesce piú ad andare avanti, arriva a Perugia, sente un trottio, gli si gonfian le mutande e schianta. Dice:

– Senta, prenda questa crema contro i peli superflui.

Passa con questa crema, spruzza 'sta crema su tutta Perugia, la gente bianca, ma bianca proprio. Andava in giro bianca in questa maniera. Dice:

– Guardi, ma lei è un perugino?
– Certamente, sono un perugino, questo è il mio destino.
– Ma che parla in rima?
– Sí, son quello di prima.
– Ma lei viene da Perugia?
– Certamente, qui ci si rifugia.
– Ah, benissimo, qui siamo in Umbria, e... Umbria... Ma non c'è rima su Umbria!
Rimane fermo...
– E allora Umbria ci si ingumbria.
Vanno avanti, a un certo punto la mutanda gli scoppia, i peli gli vanno via completamente e arriva un trottare tremendo. Dice:
– Ma questo cavallo chi è?
Accanto al cavallo c'è uno psicoanalista. Dice:
– Che fa uno psicoanalista con un cavallo?
– Lo sto curando perché è pazzo.
– Oh, questa. Cosa? Questo cavallo è pazzo?
– Sí.
– Cavallo pazzo? È cavallo pazzo?
E due.
– È cavallo pazzo.
E tre! Basta, era la fine, grazie a tutti i perugini, arrivederci a tutti, eh ragazzi, con voi starei altre tre ore ma non ce la faccio col fisico. Arrivederci, grazie, grazie dell'accoglienza, maledetti!!!

Secondo interludio.
Hymn of the corp sciolt

Vi volevo fare un pezzo che me l'hanno anche richiesto, ch'è intitolato «L'inno del corpo sciolto», per ristabilire l'armonia... Non ve la spiego la canzone, tratta dall'omonimo inglese, «The hymn of the corp sciolt», e dal mio 33 giri *Amore lavati*, un pezzo sull'igiene intima, che mi son trovato male a volte, quindi... Questo pezzo, amici, è un pezzo tragico, triste, che parla che bisogna fare la popò, e dice che piú se ne fa meglio si sta. Dice anche altre cose tristi questo pezzo, che dopo fatta questa popò bisognerebbe pulirsi dietro perché non sta bene andare in giro sudici in quella maniera, eh...

Mah, è un pezzo sulla gioia, sull'allegria e sull'amore diciamo della vita, e di queste attività delle quali abbiamo parlato prima e sulle quali torneremo dopo. Ma vengo senza dubbio al fatto. Non la dedico a nessuno, che a volte si incazzano... Va fatta in silenzio mi raccomando, senza batter le mani perché se si perde una parola siamo rovinati.

E questo è l'inno
del corpo sciolto
lo può cantare solo chi caca di molto
se vi stupite la reazione è strana
perché cacare soprattutto è cosa umana

Noi ci svegliamo e dalla mattina
il corpo sogna sulla latrina
le membra posano in mezzo all'orto
e questo è l'inno, l'inno sí, del corpo sciolto.
Ci hanno detto vili, brutti e schifosi
ma son soltanto degli stitici invidiosi
ma il corpo è lieto, lo sguardo è puro
noi siamo quelli che han cacato di sicuro.
Pulirsi il culo dà gioie infinite
con foglie di zucca di bietola o di vite
quindi cacate perché è dimostrato
ci si pulisce il culo dopo aver cacato.
Evviva i cessi, sian benedetti
evviva i bagni le toilettes e i gabinetti,
evviva i campi da concimare
viva la merda e chi ha voglia di cacare.
Il bello nostro è che ci si incazza parecchio,
ci si calma solo dopo averne fatta un secchio.
La vogliam reggere per una stagione
e con la merda poi fare la rivoluzione.
Pieni di merda andremo a lavorare
poi tutto a un tratto si fa quello che ci pare
e chi ci dice te fai questo o quello,
gli cachiamo addosso e lo copriam fino al cervello.
Cacone merdone stronzone puzzone
la merda che mi scappa si spappa su di te!!!

Tuttobenigni '96

Elettori, elettori ed elèttrici, abbiamo scelto Roma per aprire la campagna elettorale anticipata, nel ventennale della ricorrenza delle elezioni anticipate. E vogliamo anticipare tutto in anticipo con questa ricorrenza.

Abbiamo scelto Roma per le sue origini storiche romane, per il suo amore per la patria, Roma la città del Concilio di Trento, Roma la città dei Cesari e degli Augusti, per fondare il partito che finalmente riporterà i contributi a una legislazione economica che consenta alle piccole e medie imprese un rinvangamento dell'economia contro l'articolo 43 bis del comma 72, sull'aggravamento fiscale dell'aggiotaggio che ridia vigore all'occupazione senza determinare l'emendamento in contumacia, perché noi siamo sempre stati chiari e presentiamo la chiarezza. Grazie, elettori ed elettrauto.

Vogliamo riproporvi il nostro partito. Con la coerenza che auspico, e che ho sempre auspicato, ci presentiamo a voi, nella rissa elettorale, per proporvi la novità.

Il nostro partito ha scelto come simbolo il pinzimonio. Visto che gli alberi erano tutti presi ci siamo buttati sulla verdura. Noi, però, l'abbiamo presa tutta. Noi siamo il partito del pinzimonio!

Amici elettori, grazie! Grazie tante! Il nostro è il partito della smentita: diteci cosa dobbiamo smentire e noi lo smentiremo. Siamo il partito di S. Antonio, il partito piú serio, quello del «cazzoimperio»!

Noi, elettori ed elettrauto, siamo per la riforma, per le anticipazioni, anticipiamo le elezioni, posticipiamo le elezioni del '53, facciamole oggi! Elezioni l'ultima domenica di maggio, la prima di aprile, ultimo mercoledí di sabato...

Noi vogliamo la proporzionale, secca, col doppio turno, all'inglese, il ballottaggio, e vogliamo ripristinare lo scorporo del proporzionale alla Camera, il maggioritario alla francese, il presidenzialismo all'americana, la bistecca alla fiorentina, e il bagno alla turca, e i rigatoni alla Amatriciana, la soluzione alla tedesca, il problema alla Sartori.

Elettori, noi abbiamo deciso di sciogliere le Camere e legare i bagni, sennò, vero?, tutti questi appartamenti liberi in città...

Viva l'Austria! Noi, elettori, vogliamo ripristinare l'aggiotaggio contro il quorum del referendum, super partes, probiviri, exit poll, minimum tax e par condicio. Elettori, noi abbiamo deciso, basta con la giustizia! Noi non abbiamo problemi con la giustizia. Basta con questi modelli esteri, alla francese, all'americana. Ce l'avevamo a due passi la soluzione: alla vaticana!!! Quello è il governo forte, presidenzialismo duro, duraturo! Là si cambia capo di Stato praticamente ogni morte di papa. Quello era un modello da seguire.

Dateci il voto, elettori, noi non abbiamo problemi con la giustizia, siamo puri, cristallini. A me ieri mi è apparsa la Madonna, e le ho chiesto se c'aveva il mandato di comparizione. Lei dice:

– No.
– E allora Signora se ne vada!
Dice:
– Grazie della fiducia!
– Be', allora mi dispiace, non posso... In piú mi è apparsa in ufficio: «abuso d'ufficio». Ci provano in tutte le maniere!

Basta con la giustizia! Questi Sostituti Procuratori. Ma il titolare dov'è? Non c'è mai! C'è sempre questo Sostituto in tutte le parti d'Italia. Ma che non lavora? Io voglio parlare col titolare Procuratore della Repubblica! Basta con i Sostituti Procuratori!!!

Elettori, vi ringraziamo della fiducia accordataci, e auspichiamo la coerenza auspicata. Elettori, basta riforme, e basta con l'economia. Ci prendono in giro con l'economia. Il PIL, fa schifo: prodotto interno lordo, sembra una cosa escrementizia, ma vada in bagno! Il debito pubblico, un milione di miliardi di debito pubblico, ma chi li deve avere questi milioni di miliardi? Non s'è mai fatto vivo nessuno.

Quando avanzano mille lire da me, mi dormono nel pianerottolo. Milioni di miliardi! Aumenta il costo del denaro. Ma che ci sono i negozi dei soldi?

– Quanto me le mette oggi le mille lire?
– Mille e due.
– Sono aumentate? Me ne dà due pezzi. Quant'è?
– Duemila e quattro.
– Grazie. Mi lascia le diecimila lire fresche per domani a quindicimila lire?

Ci prendono in giro, elettori, col debito pubblico! Privatizzazioni! Privatizziamo il debito pubblico! Chi se l'accolla? Voglio vedere chi ha il coraggio di fare una cosa per la nazione. Finalmente, ci penso io, non vi preoccupate, nessuno s'è mai fatto avanti.

Questo Stato è noioso. Vogliamo uno stato interessante, come dicevan quelle di un mio amico, brutte, che non le trombava nessuno, vero. «Vogliamo uno stato interessante!»

Noi amiamo il lavoro, elettori: io starei ore a guardare la gente che lavora, guarda che tipo sono io. Sciopero dei disoccupati! Lo organizzo io.

Ai disoccupati mancano due diritti fondamentali, il lavoro e lo sciopero, glieli ridiamo tutti e due! Sciopero dei disoccupati, elettori!

Facciamo come gli americani tutti repubblicani, come gli asiatici tutti democratici, come in Canadà, paraponziponzipà!

Liberiamoci dai vincoli, noi siamo liberali, liberisti, liberalinisti, mazziniani per Gobetti passando per Pascoli e Fogazzaro. La via pascoliana al marxismo, «O capitale, o capitale storno, che portavi colui che non ritorno».

Noi siamo antitetici, rivoluzionari stabili, noi vogliamo... elettori!... be'... datemi il potere!! Fatemi governare per cinque anni e vi do il dieci per cento, toh! Votate, votate, votate!!!

[*Stacco musicale*]

Elettori, abbiamo scherzato, ma veniamo subito alle cose tragiche: Silvio Berlusconi! Meglio non perdere tempo, vero? È bene buttarcisi subito.

A proposito, m'hanno detto che tra gli invitati c'è anche un ispettore della Guardia di Finanza, il Generale Guazzelli. Siccome ho fatto domanda alle poste di Testaccio come invalido, non vorrei che se mi vedono... tutto regolare, eh, vero ispettore?, ispettore Guazzelli... Guazzelli, sono invalido, giuro su... i figli di Berlusconi. Oramai giurano tutti sui figli di Berlusconi. Li hanno messi al posto della Bibbia nei tribunali.

– Giuri su questo figlio, giuri su quell'altro!

Giura sui suoi figli ogni quindici giorni, Berlusconi. L'ha ridetto anche in questi giorni. Ora io mi son chiesto: ogni quindici giorni gli arriva un avviso di garanzia e continua a giurare sui suoi figli. Ora, io ho pensato, non può essere un padre cosí snaturato e crudele da giurare il falso sulla vita dei suoi figli, quindi ognuno di noi si pone la domanda: «Di chi sono i figli di Berlusconi?» Voglio dire, li può anche mandare alla trasmissione di Castagna, a ritrovare il padre. Chissà che poi l'unico padre che non si riesce a trovare è proprio quello di Castagna, 'sto figlio di... vabbè.

Però si deve chiarire il problema. No, è un problema serio perché, con tutto il rispetto per la moglie di Berlusconi, per carità poverina, lei non c'entra, come dissero a Ferrara davanti alla cabina del telefono... «No, lei Ferrara è inutile che faccia la fila con quel gettone in mano, qui dentro non c'entra neanche col carroattrezzi. Caro Ferrara, è inutile»... Chiedo scusa per la battutaccia su Ferrara. Chiedo scusa a Ferrara e al pubblico. Ferrara non c'è, perché se ci fosse l'avrei visto, su questo non c'è dubbio.

Però sta male fare le battute sulle persone grasse, perché sennò si torna alla Prima Repubblica: «Andreotti gobbo», «Fanfani basso», le solite battutacce.

A proposito, oggi c'è anche la mucca pazza... E che si fa col maiale rincoglionito e l'abbacchio frocio? L'abbacchio frocio è micidiale: il contagio è immediato.

Insomma, queste battute non son belle, sul serio. Poi m'hanno detto che Ferrara, sí, sarà un po' sovrappeso, però è una persona squisita, gentilissima. L'altro giorno l'hanno incontrato qui in metropolitana a Roma, stava seduto e a un certo punto s'è alzato e ha offerto il suo posto a quattro persone, quindi vuol dire che come persona è gentile...Non facciamo battute sulle persone grasse, sta male veramente.

Si diceva di Berlusconi. Ma a lui che gl'interessa, ora c'è l'elezioni, tutte 'ste cose, si diverte, va a cantare le canzoni da Costanzo, barzellette da Mara Venier... Che poi racconta quelle barzellette riciclate su Bertinotti, D'Alema, Scalfaro, mica quelle che circolano su di lui.

Dice che quando lui era Presidente del Consiglio... Come no, c'è ancora gente che non ci crede... Come no! Capisco lo stupore, però è stato Presidente del Consiglio, e lo so, anch'io lí per lí dico: – Come!!!

Effettivamente, quando era Presidente del Consiglio, dice che Berlusconi veniva invitato all'estero dagli altri capi di Stato, Eltsin, Clinton, tutti quelli che c'erano. E lo invitò anche la regina Elisabetta. E come consuetudine gli fece fare il giro dei giardini di palazzo Buckingham per fargli vedere i giardini, sulla carrozza coi cavalli. E mentre stavano lí seduti, disgraziatamente uno dei cavalli emise da dietro uno di quei rumoracci da cavallo. Chiedo scusa al pubblico. Insomma trototototon, proprio uno scorreggione spaventoso. Al che la regina Elisabetta, un po' imbarazzata, si rivolse a Berlusconi e gli disse:

– Mi scusi.

E Berlusconi gli disse:

– Ma si figuri, pensavo fosse stato il cavallo.

Lui però è uno che reagisce bene, anche quando c'ha i processi. È uno di carattere, bisogna ammetterlo. Anche questo processo sui fondi neri alle Fiamme Gialle che c'ha ora con Gherardo Colombo farebbe paura a tutti. Ma lui ha dichiarato ai giornali: «Sono tranquillo, sono sereno, la notte dormo come un bambino». Cioè si sveglia ogni tre ore e piange.

Comunque devo dire c'ha un carattere! Stavano per fare quest'accordo, mamma mia, 'st'accordo a tre... Signore perdona loro perché sanno quello che fanno! Stavano per fare 'st'accordo con quel povero Maccanico che è durato meno di Papa Luciani, quattordici giorni e l'hanno fatto fuori. In un batter d'occhio, poverino. C'era Prodi tutto triste che non lo voleva. A un certo punto Maccanico ha anche dichiarato: «Pedalo in pianura. Però, cazzo, m'hanno fregato anche la bicicletta, in un momento, proprio!»

Ora, via, hai visto Di Pietro? Meno male l'hanno assolto. Se lo contendono i due Poli, e il Mostro di Firenze pure, Pacciani. Uno piglia uno e uno piglia l'altro. Se li divideranno. Sono assolti tutti e due, faranno a gara... Pacciani ha detto comunque che finché non saranno fugati tutti i dubbi non entrerà in politica, ha scritto una lettera a «Repubblica». Già gli si son buttati addosso, a Pacciani. Come assolvono uno gli fanno: – Vieni con noi! – Fanno subito la gara...

Ora comincia la campagna acquisti, ho letto sui giornali: e Dini, e quello che gli fa la lista che imita lui. Anche Craxi sta rientrando in Italia, con la scusa che gli fa male il piede. Per forza, con tutti quei pedinamenti che ha fatto a Di Pietro! Alla fine gli è venuto un piede cosí, poraccio. E la Zanicchi? Ho visto che si candida nelle file di Forza Italia. Iva Zanicchi. Signore pietà, ma perché? Ma che abbiamo fatto per meritarci questo? Che gli fanno fare a Iva Zanicchi? Presidente della Commissione anti-usura: «Okay il prezzo è giusto»? Che gli fanno fare? Oh, la politica è l'unico mestiere dove non è richiesto saper fare niente. Venga, venga, va bene tutto. Basta pigliare i voti.

Comunque, se mi concedete la cortesia di due minuti, vorrei capire come mai siamo arrivati a questo. Non ci si capisce proprio nulla ma il mondo è un bellissimo nulla, come dice il mistico, quindi ci si diverte di piú.

Io vorrei fare un riassunto fino ai giorni nostri per sapere com'è andata.

Circa due anni fa, quando finí la cosiddetta Prima Repubblica, c'era Di Pietro che a Milano scoprí quell'imbecille che rubava. Come si chiama... Chiesa, Mario Chiesa.

– Ah! Mariuolo!

– Ti c'ho preso ladro, farabutto!

Un casino, venne fuori tutta una cosa spaventosa di ladri. Si scoperchiò una pentola di nefandezze, tutti che rubavano. Severino Citaristi, Armani Armanini Larini Lariani Cusani, Poggiolini coi soldi nelle poltrone, Curtò ce l'aveva nella spazzatura e... Craxi coi soldi nei calzini, Martelli coi soldi nelle mutande, di Craxi... Li teneva tutti lui, vero? E Di Pietro ve li ripigliava tutti.

– Ladri, via!

Tutti che scappavano all'estero nelle isole con gli yacht:

– Io vado a Santo Domingo!

– Io vado ad Hammamet!

– Io vado alle Bahamas!

Vista la situazione tutti dissero: – Io prendo il largo... – come disse la moglie di Ferrara quando lo sposò. E a un certo punto... No, richiedo scusa per Ferrara, sta male veramente... Anche perché son cose che uno ci soffre quando è grave. Son cose di metabolismo, psicosomatiche. Ferrara non è grasso perché mangia, è che rimangia, quello è il problema suo. Lasciamolo perdere...

Insomma, tutti scapparono e gli italiani tutti contenti:

– Finalmente ci siamo liberati di questi ladri puzzolenti.

Uno solo preoccupato, Silviuccio Berlusconuccio, nella sua villa di Arcore:

– Ma li mortacci de Pippo, porca zozza, ma li mortacci sua, m'hanno messo in galera tutti l'amici mia, porca zozza della troia, e ora co' tutti i debiti che c'ho, chi me le fa le leggi? Cazzo, porca miseria! Veronica, qui ci mettono in galera pure a noi, Veronica!

La moglie si chiama Veronica, faceva il giro dei negozi a comprare la roba per portarla ai suoi amici in galera. Arance, fette biscottate, settimana enigmistica. Alla fine comprò la Standa. Comprando tutto lí faceva un viaggio solo. Dice:

– Senti, vieni Veronica...

La chiama, e quella sera decise di scendere in campo. La famosa scesa in campo. Siccome era proprio disperato, quando fece quella cassetta a reti unificate, con la calza davanti alla telecamera, tutti i libri finti di dietro, tacchi, doppiopetto, quadri famosi. Quando fece quel discorso scellerato in cui la bugia era proprio spudorata. Promise mari e monti.

– Italiani v'abbasso le tasse, vi do un milione di posti di lavoro, vi trombo la nonna, vi pulisco il bagno, vi porto il cane a fare i bisogni!

Insomma, avrebbe fatto di tutto. E quella bugia si vedeva... Sarebbe come se apparisse, non so, Ferrara in televisione e dicesse:

– Italiani, a me non mi piace la pastasciutta!

Ora, se Berlusconi era onesto, sincero, io l'avrei votato. Perché a me la persona sincera mi piace. Se avesse detto la verità, lui appariva in televisione e diceva:

– Italiani, a me mi mettono in galera al cento per cento, non c'è dubbio, qui non ci piove. Senza Bettino io son rovinato! Ora se voi volete vedere un uomo morto... Però, se invece mi votate ci si diverte: Canale 5, Iva Zanicchi, paraparapà, si fa tanti giochini, condoni, condonini, vi fo allargare il negozio. Naturalmente sono sincero, ho fatto delle cose brutte ma me ne pento, ma tutti fanno delle cose brutte. Anche Agnelli ha fatto la Duna. Quindi... Ora naturalmente da solo non ce la faccio a vincere, mi devo alleare coi fascisti. Devo sdoganare Gianfranco Fini. Ma non son fascisti, per carità. No, è stato un caso, un accidente, sono... i Neri per caso. Ecco i Neri per caso! È un partito che fa politica a cappella. No, che c'entra, ci si diverte. Si sono ripuliti, hanno fatto il congresso a Fiuggi, il prossimo lo fanno a Ferrarelle, presidente Perrier, gli piace alla francese. Io certo di politica non me ne intendo, perché sono un imprenditore. Che ne so della Costituzione? Però mi metto a studiarla, se mi date tempo. Già qualche cosa la so. Quello che conta piú di tutti è il Presidente della Repubblica, questo lo so. È il primo, l'ho visto ieri, proprio sul libro. Poi c'è... Il primo, ma proprio il primo primo, è il Presidente della Repubblica, questo lo so. Poi c'è il Parlamento, dove c'è il Senato e le Camere. Al Senato c'è i senatori e alle camere i camer... Che cazzo c'è alle Camere, Veronica? Le... le...? I camerati, no, i camerieri, che quando i senatori vogliono un caffè glielo portano, non so...

Ora, se lui era sincero, io lo potevo anche votare. Invece è stato bugiardo. Ha riempito l'Italia di tutti quei modi di dire. Un frasario! Le parole contano, tutti quei «E mi consenta» e «mi riconsenta e mi riconsenta», e «scendo in campo» e «mi sono fatto da solo» e «unto dal Signore» e «giuro sui miei figli» e «il giudizio di Dio», «Biancaneve», «Rio Bo»... che ora lo copiano tutti. Ora, quando uno entra a far politica, si dice «scende in campo» perché l'ha detto lui.

Che poi 'ste frasi io le avevo già sentite in tutt'altra circostanza. Per esempio, «scendo in campo» io l'avevo sentita dal mio babbo, perché io sono di origine contadina, e tutte le sere il mio babbo, verso le nove di sera, appena finito di mangiare, siccome non avevamo il bagno in casa, si alzava da tavola, prendeva un pezzo di foglio di carta gialla, quello che davano nei negozi per incartare la roba, se lo metteva sotto il braccio e diceva:

– Io scendo in campo...

E se n'andava fuori... Per carità, ci tengo a precisare che il mio babbo è una persona pulitissima, però non avendo il bagno in casa ce la svolgevamo tutti cosí.

Quando io e il mio babbo abbiamo visto in televisione Berlusconi a reti unificate, dire: – Italiani, io stasera scendo in campo! – il mio babbo ha fatto due occhi cosí.

– Con tutti i soldi che c'ha non s'è neanche fatto il bagno in casa, quel lurido sporcaccione puzzolente...

E poi, non so se vi ricordate, ma quella sera c'aveva una pila di fogli alta cosí davanti:

– Italiani, io stasera scendo...

Dice il mio babbo:

– Oh quanto tempo era che non andava, questo vo' riempí l'Italia!

Ha cambiato canale dallo schifo, una cosa spaventosa.

Quell'altra frase che dice sempre: – Mi sono fatto da solo.

Che era... *fatto* io me n'ero accorto subito. Non sapevo che si faceva da solo, però mi deve dire dove compra la roba, chi gliela dà, quanto la paga, perché quelli son franchi tiratori, eh?, [*tira su col naso*] è roba buona... Mi sono fatto da solo, eh? Uno che dice: «Sono unto dal Signore», è chiaro che è *fatto*, no?

Quante volte gliel'ho detto che deve stare attento a quello che dice. Poi, quando c'è stato da decidere il nome del partito, quando l'ha fondato... La mente umana fa l'abitudine a qualsiasi aberrazione, ma bisogna tornarci indietro perché certe cose non passano mica. «Forza Italia!» Ma si può chiamare un partito come una frase fatta, un grido di gioia della nazione? È come chiamare un partito «Passami il sale», che so, insomma, una frase che uno poi si sente depresso per tutta la vita. Non si fa!!! Lui l'ha chiamato cosí perché era proprio disperato.

Mi sembra d'essere in quella stanza quando l'ha deciso. Ha chiamato i suoi collaboratori... come si chiama quello che fa i sondaggi con la pelata, Pilo! Pilo del Polo:

– Pilo, vieni Pilo [*fa un richiamo come per chiamare un cagnolino*] Pilo!!!

Arriva 'sto Pilo del Polo e quell'altro con quella faccia brutta, Previti!!! Quando fa quella faccia, ragazzi, non lo toccherei neanche con la canna da pesca, è una cosa spaventosa. Questo Previti è il falco di Forza Italia. Sarà un falco, ma non è un'aquila. Chiama insomma 'sto Previti (se lo conosci lo eviti...) A proposito, una volta ho acceso la televisione: ho visto insieme Previti, Ferrara e Ignazio La Russa. Credevo fosse una puntata di «Star Trek»! Che cazzo... un'immagine spaventosa. C'è questo Ignazio La Russa che c'ha un naso, Madonna, per baciarlo su tutt'e due le guance si fa prima a passare di dietro. Sul fisico sta male veramente. Allora, dicevo, chiama 'sto Previti e Pilo.

– Qui siamo rovinati, ci mettono in galera a tutti, come si può fare un partito per fregare un po' tutta la gente?

Allora, poiché per loro noi siamo diventati audience televisiva, ha detto:
– Qual è il programma che fa piú audience?
E Previti disse:
– Mi pare il Festival di Sanremo.
– Cazzo, chiamiamolo Partito Sanremo Italiano! Però la sigla Psi di questi tempi è bruttina...
Allora a Pilo gli venne l'idea:
– La cosa che fa piú audience è il calcio, la nazionale azzurra.
– Dio bono!
– Madonna, mettiamo l'azzurro come nostro colore, una canzoncina per rincoglionire i bambini. E qual è la frase che dicon tutti allo stadio cosí ci fanno pubblicità gratis e siamo sempre in bocca a tutti?
E Pilo disse:
– Arbitro cornuto!
– Porca miseria... Partito Arbitro Cornuto, Pac. Però poi lo stemma con un paio di corna... non va.

Allora gli venne l'idea di «Forza Italia». Ora, scusate, ma come posso fare io, quando uno dei nostri giocatori della nazionale fa un gol, a urlare il nome di un partito politico? Sarebbe come se vent'anni fa, quando segnava un gol Gigi Riva, tutto lo stadio urlasse: «Democrazia Cristianaaa!!!» Che senso ha? E poi, se non voglio far pubblicità politica ai partiti, mi tocca reprimermi. Quando fa gol uno della nazionale mi tocca trovare dei sinonimi, perché quel nome non lo voglio dire! Come segna un gol Roberto Baggio:
– Forza, o penisola bagnata dal Tirreno e dall'Adriatico!

Non posso neanche salutare la gente.
C'è una mia vicina di casa a Vergaio, il mio paese in

Toscana, che si chiama Italia Ceccarini. Una di quelle vecchiette che stanno davanti a casa, fanno la calza, belline, è ancora viva, 'st'Italia Ceccarini. Ogni volta che torno a casa e passo di lí la saluto, e passando le faccio:
– Forza Italia!
Ora ogni volta che torno le faccio:
– Energia, Ceccarini! – e passo.
Mi prende per rincoglionito, Benigni s'è rincoglionito!
Poi vanno in televisione, anche in questi giorni vedo Berlusconi sempre con quello stemmino: la bandiera italiana con scritto «Forza Italia» che sembra il club di Topolino, ma roba dell'altro mondo!

Poi un'altra cosa... i collaboratori. Gli ho detto:
– Silviuccio, te li devi scegliere bene i collaboratori, non si può scegliere cosí, mettere ministro questo, ministro quell'altro. Chiunque ti viene. E Ferrara, Sgarbi, Fede, Dotti, Previti, tutti quelli...
Che poi 'sti collaboratori, bisogna starci attenti! Per esempio Sgarbi, ora mica niente di male, ma 'sto Sgarbi, Presidente della Commissione Cultura, è il colmo. Oh, è importante la Presidenza della Commissione Cultura! Io non so neanche chi sia, però quando lo vedo in televisione in quel programma sembra il figlio impazzito di Vanna Marchi. Dico:
– Che alghe vende questo qua?
Una cosa spaventosa! Mi hanno detto: – Roberto, vieni a vedere, c'è uno strano al «Maurizio Costanzo Sciov» –. Vado a vedere: bottigliate in testa alla gente, schiaffi alle donne, e «Borrelli finocchio», «Di Pietro assassino», e poi «puttana!», «vaffanculo», parolacce, «ma che cazzo vuoi», «stronzo puah», «io ti trombo», «io trombo te e la tu' nonna», «ma vaffan-

culo», «ma la sorca de tu' sorella», «la mignotta», «ma che cazzo vuoi», «pijatela 'nder culo te e tutta la famija tua», «ma li mortacci»... Berlusconi l'ha sentito e ha detto:

– Cazzo, senti questo che neologismi. Lo faccio Presidente della Commissione Cultura.

Non ci dormo la notte su 'sta cosa. Mi sono immaginato il dialogo che ci dev'essere stato fra quei due quando Berlusconi gliel'ha proposto.

– Buonasera signor Sgarbi, se lei... mi consenta vero, mi sono fatto da solo, giuro sui miei figli, sono unto dal Signore, Rio Bo Biancaneve, scendo in campo, senta un po' la volevo fare Presidente della Commissione Cultura.

– Grazie, frocio, accetto! Vaffanculo stronzo li mortacci tua che cazzo me ne frega!

– Bene, le presento mia moglie.

– Bella fregna, me la scoperei volentieri che cazzo me ne frega!

Ora, io son trent'anni che dico parolacce e mai nessuno che mi abbia proposto la Pubblica Istruzione! Non so, dammi una cosa anche a me! Ma queste so' ingiustizie proprio!

Lasciamo perdere Sgarbi e torniamo alle cose tragiche. Berlusconi, si diceva. Ora, quell'altro collaboratore, Fede, Emilio Fede... Qui veramente si esagera. Non faccio battute su Emilio Fede perché poverino è come sparare sulla Croce Rossa. È proprio indifeso... Per carità, io gli voglio bene come se fosse normale, su questo non c'ho razzismi e poi è simpatico, lo sa da sé. Ma come ha fatto? Perché Fede non è un giornalista qualsiasi, è direttore del Tg4. Mi dispiace per la gente che ci casca, poverina, perché c'è gente che si sintonizza su Retequattro alle sette e mezza e guarda il tiggí di Fede come se fosse un telegiornale veramente, proprio lo guarda seriamente.

Ora dico, come ha fatto a metterlo lí Berlusconi? Io c'ho pensato. Secondo me l'ha fatto per una cosa filantropica, terapeutica. Lui l'ha fatto per aiutare tutti quei bambini con problemi di sviluppo, quelli che in quinta elementare ancora non sanno leggere e scrivere, un po' depressi. Quelli che dicono:

– Mamma, io non riuscirò a fare mai niente nella mia vita.

Allora la mamma la sera si sintonizza su Retequattro e dice:

– Guarda, figlio mio, quello lí è direttore del telegiornale.

Allora il bambino... Cazzo, uno si sente anche autorizzato a montarsi la testa!

– Io allora qui divento astrofisico nucleare!

Insomma, uno gli viene anche un po' di megalomania, sinceramente. A parte che si scherza, Fede sarà quello che sarà ma è una persona onesta. Sull'onestà non c'è dubbio. Questa storia ad esempio sui falsi invalidi. C'ha ragione lui, a lui il posto gli spettava. Hanno cercato di levarlo di lí, invece...

Devo dire che è simpatico. E poi lo giustifico perché ama Berlusconi. E quando c'è l'amore io giustifico tutto. Ma non è che lo ama in senso platonico, proprio se lo tromberebbe. Se lo incontra ignudo lo violenta anche senza preservativo. L'ho visto l'altra sera in quella trasmissione lí, «Porta a porta», con quel giornalista della Piaggio, come si chiama, Bruno Vespa, sempre molto pungente come al solito... Quando è entrato proprio balbettava, Fede, proprio come se fosse davanti a Dio! In nome del Padre, di Silvio e dello Spirito Santo. Dio personificato è Berlusconi.

Ci sarà mica qualcuno del Tg4? Si fa per scherzare,

eh... Arrivano delle denunce a volte... non si sa mai... Emilio si scherza, eh? Mi sembra che non ci sia... È proprio un imbecille...

Andiamo avanti. Si diceva, i collaboratori. Quell'altro lí, Buttiglione. Sembra uno di quei bambolotti di gomma che quando gli si dava la botta c'aveva sempre quell'espressione da bischerone. Gira e sta sempre in piedi, Buttiglione, l'occhio che guarda. Lui, quando gli fanno le interviste, è contento di aver saputo rispondere alla domanda: – Ah, sapevo anche questa.

È proprio felice. A parte che adesso è entrato in politica, ma a me piaceva di piú quando si vestiva da donna e presentava il telegiornale. Ma questo Buttiglione, vi ricordate quando non sapeva decidersi e lo chiamavano l'ondivago. È stato nove mesi a pensarci... andava a destra, a sinistra, a destra e sinistra. E cenava con D'Alema, e poi ad Arcore con Berlusconi, a Gallipoli con D'Alema e ad Arcore con Berlusconi, e di qua e di là... Spostava tutto il partito, spostava a destra, spostava a sinistra, tatiro tatan, tatiro tatan... La mattina mi svegliavo e dicevo: «Da che parte andrà Buttiglione?» Era un problema proprio per tutti gli italiani.

Alla fine ha deciso e ha spaccato il partito. Non gli voleva dare niente a quel povero Gerardo Bianco. Quel Jerry White lí con quegli occhialoni mi faceva una tenerezza, poverino. Non c'era verso. Ma proprio cattivo, gli ha chiuso la porta a chiave, i probiviri gli hanno dato torto, non gli volevan dar niente proprio, alla fine dice:

– Dividetevi.

Si son divisi anche i peli dei piedi... proprio tutto si son divisi, per mesi... hanno chiesto scusa tutt'e due perché era uno spettacolo indecente. E allora, il Ppi l'ha preso Bianco, lo Scudo Crociato Buttiglione e Piazza del Gesú, la piazza l'ha presa Bianco e Gesú l'ha preso Buttiglione, il bidet lo faceva Bianco, la pipí la faceva Buttiglione, il cappuccino Bianco, il cornetto Buttiglione, la moglie Bianco...

Ha fatto un partito, si chiama Cdu Cristiano-Democratici Uniti, mi devi dire se non è una fregatura.

Come quell'altro, Bossi, che mi è anche simpatico, è una vera novità, è l'unica vera novità. Poi mi somiglia anche fisicamente. Quando fa i comizi sembra proprio uno spettacolo mio. Bossi mi dà proprio l'idea di uno che l'hanno tenuto chiuso per venti anni, poi gli aprono e gli dicono:
– Senta signor Bossi, le diamo un quarto d'ora, dica quello che cazzo le pare e poi la veniamo a riprendere, va bene?

La foga che c'ha è una cosa...
– La Santa Nazione, e il federalismo, la secessione, Ivanhoe, Ivanhoe!!!

Ripassa l'ambulanza, e lo riportano dentro.

Poi c'è quell'altro, Boso. Ha degli ignoranti là dentro... Questo Boso è quello che voleva sparare agli extracomunitari con le pallottole di gomma. Se l'ignoranza fosse musica Boso sarebbe una discoteca.

Quel nome poi, quello slogan, «Noi ce l'abbiamo duro». Non si fanno quelle cose, perché la politica è una cosa alta, non ci si scherza con le goliardate, ah scemo! È diventato un neologismo, sta nel Devoto-Oli, sí, proprio il celodurismo. Ma le donne della Lega perché non si ribellano? La Pivetti, che è tanto carina, perché non dice:
– No, io non ce l'ho duro, ovviamente.

Essendo anche una donna, non ha mai smentito, mai

che si sia ribellata. Io c'ho dei sospetti, scusa eh? Uno esce con la Pivetti, è anche carina:
– Che fai, Irene?
Uno va a cena, poi si va in camera da letto, si spoglia e sotto c'ha un campanaccio spaventoso.
– E che non lo sapevi? Io so' della Lega, ce l'abbiamo duro.

Poi la fregatura del popolo, quando uno dice una cosa me la deve dimostrare.
– Ce l'hai duro Bossi? Allora guarda, ti metto qui sette noci, rompile tutt'e sette! Tà, tà, allora ti voto!
No, perché io su queste cose sono piuttosto vispo! Quando stavo al mio paese e si guastava il passaggio a livello chiamavano me.
– Benigni, giú, su, alza, abbassa...
C'ho le fotografie! C'ho i testimoni! Allora io sfido Bossi a un pubblico spadaccino col pisello, ta-datatta-tatatan!!!! Giú, avanti Formentini, ta-datattatata-tan!!!! Giú, avanti Maroni... Che poi, Maroni, è proprio senza cognome, Maroni ormai... Capirai, ha fatto una fine!

Una volta c'era coso, come si chiama, D'Alema. A proposito di sigle, voleva fare la sinistra democratica, SD. La Lega si voleva unire, Lega Sinistra Democratica, LSD. Magari come partito un po' acido, vero, però si vola! Almeno una soddisfazione ce la davano.

Io ho sempre paura che poi si mettan d'accordo fra loro. Per ora parlano solo di giustizia perché li hanno messi in galera tutti, no? Viene uno, dice:
– Vorrei fare la riforma della Sanità.
– Perché, ti senti male?
– No.

– E allora non ci rompere le scatole.

Dipende quanto gli interessa. Dice:

– Intanto fermiamo i giudici e il grosso è fatto –. Come disse la mamma di Ferrara dopo aver partorito, no, chiedo scusa...

Ho sempre paura che si mettano d'accordo. Ne parlavo proprio con D'Alema, che stiamo qui nella stessa pensione, qui a via Condotti. La pensione dell'Inps a duemila e quattrocento lire a notte. La notte ti mandano anche qualche mignotta della Cgil a ottocento lire a botta. Poi c'è dei froci dell'Inpdap e della Usl. Insomma, abbiamo fatto un'orgia a spese dei contribuenti con seimila e duecento lire. Ma io gli voglio bene a Massimo. Avevo messo su questa tenda per lui, che sta cercando casa, gira coi bagagli, non so bene, è un momentaccio. Voglio vedere se gli trovo una sistemazione.

Il sesso, per esempio: non ne parlano mai. Ora fortunatamente è passata la legge sulle donne, sacrosanta, sulla violenza. Ma anche quest'estate: violenza sui bambini, sui minori, sui maggiori, sui medi, una cosa di violenza spaventosa... Perché non ne parlano mai del sesso ch'è la cosa piú profonda, piú delicata, che determina tutte l'azioni dell'uomo e della donna? Si fanno le guerre per il sesso, questo non l'ho mica detto io. Non ne parlano mai. Chi è costretto a parlarne sempre? Il papa! Wojtyla parla sempre di sesso, sembra fissato: e l'enciclica sul sesso – e il preservativo non si può mettere – e l'aborto no – e dopo sposati non si può fare l'amore – qui non si può – questa posizione sí e questa non si può – la pillola no...

Tutte le regole le detta lui. Ora i vescovi francesi dicono sí al preservativo, le monache spagnole dicono no alla giarrettiera, i preti svizzeri dicono sí all'amore con le mucche, insomma ognuno dice la sua, tutto la Chiesa fa!

Che poi il papa, poverino, essendo cattolico sarà pure vergine, quindi chi gliele dice 'ste cose? Non sa niente, parla d'un argomento che non sa neanche che è. Non ha mai visto l'azienda, insomma non sa niente.

Sarebbe come se fai scrivere a Bettino Craxi un libro sull'onestà, un argomento che non sa neanche dove sta... Dovrebbe prima di tutto andare a vedere sul vocabolario: «Onestà. Dicesi di uomo che non ruba».

– Boh?! Che vuol dire, sarebbe come un pesce che non nuota... ma è bono 'sto vocabolario, Martelli?

– Mah, non lo so, non mi ricordo a chi l'ho fregato.

Ora, il papa avrà chiamato dei tecnici, come fanno in politica.

– Se c'è qualcuno tra voi monsignori, cardinali, vescovi che ha praticato un po', che sa bene come si svolge, che mi può dare un consiglio, venga qui in Vaticano –. Zeppo cosí, non si passava... – Lo so io!!!

A parte che sul sesso si cambia opinione continuamente. La masturbazione, per esempio, fino a trent'anni fa era considerata una malattia. Ora la danno come cura:

– Dottore, mi sento un po' giú, mi sento male.

– Ma si faccia un bel raspone e bell'è festa finita, sai.

Te lo dicono proprio in televisione. Zucchero l'ha detto:

– Masturbatevi!!!

Per paura delle malattie, no?

– Masturbatevi!! Usate il preservativo!!

Un mio amico ha capito male e si masturba col preservativo, per sicurezza... Se lo mette tutti i giorni, due dopo i pasti. Devo dire che si trova benissimo, non si è ammalato.

Poi questi slogan, «Sesso sicuro, fate sesso sicuro». Grazie del complimento, ma io nella mia vita quando sono uscito con una donna non ho mai avuto la sicurezza che quella poi ci stava. Io ho sempre fatto sesso incerto in vita mia. Questo sesso sicuro è uno slogan che apprezzo ma non l'ho mai applicato. Quindi dico, anche il papa... eh... lasciamo perdere il papa, vedo delle facce, non si sa mai... ho già avuto dei problemi, si fa per scherzare. Col papa mi sto allargando un po' troppo – come dice sempre Ferrara – poi... poi per chiudere con questo Ferrara sennò sta male veramente, mi chiedevo – per fare una piccola parentesi – queste bretelle che c'aveva, chi gliele faceva? Ma quante volte me lo chiedevo, l'ho domandato perfino a un mio amico sarto e m'ha detto che le bretelle su misura non le fanno. C'è le misure che c'è. Ora dico vabbè, per i vestiti avrà dato le misure al sarto, dice tanti ettari, a chilometraggio. Ma le bretelle? Solo per agganciarsele non c'arriva mica da sé la mattina. Gli ci vogliono due elicotteri col walkie-talkie ogni mattina, tro-to-toto-to:

– Come va di là? Noi siamo al primo bottone, voi?
– Noi siamo al secondo! Bene, puoi tirare.
– Via! Si rompe! Via, via!!!! Booom!!! Mururoa!

Se si rompe una bretella di Ferrara, ragazzi, ci vuole Greenpeace, il sesto grado della scala Ferrara...

Ora devo dire che 'sto Ferrara le spara un po' grosse. Io l'ho visto a una trasmissione insieme a Emilio Fede qualche mese fa. Era uno spettacolo, il pieno e il vuoto insieme. A un certo punto disse:

– Tutti gli italiani dovrebbero chiedere scusa a Bettino Craxi.

Porca miseria, io gli volevo dare la mano per il coraggio. Non fanno passare venti minuti e già c'è il recupero di Bettino Craxi. A me mi interesserebbe di piú il recupero del bottino Craxi, che è molto piú consistente.

Però hanno cominciato a dire:

– È stato un grande statista –. Bello, bello, bello!

Un grande statista! Chissà tra cinquant'anni che scriveranno nell'epitaffio di Craxi, per me basterebbero due parole: «Nacque, nocque», fine della situazione.

Ma mica solo di Craxi, eh?, Ora c'è il recupero in generale della figura dell'uomo! Mussolini!!! Benito Mussolini!!! L'ho visto io! C'è Fini, ha dichiarato proprio:

– Mussolini è stato il piú grande statista del '900.

L'ha detto proprio cosí e quel bischero di Berlusconi, quando era presidente che andò da Clinton e Clinton gli fece la domanda apposta perché si era alleato con Fini. – Cosa ne pensa di Mussolini? – e Berlusconi disse:

– Ha fatto delle cose buone.

Ha fatto delle cose buone, anche Mussolini!?! Ma allora che deve fare uno perché se ne possa parlare male? Deve stuprare le capre in via Frattina? Che deve fare? Certamente anche Hitler o Stalin, un ponte, una strada, anche il Mostro di Firenze l'avrà detto buongiorno a qualcuno qualche volta. Dice han fatto delle cose buone, no? Ma sarebbe come se chiamassi un elettricista a casa mia:

– Scusi, mi rifà l'impianto?
– Prego.

Quello mi rifà l'impianto, nel frattempo mi tromba la moglie, mi sventra la cognata, mi stupra la figlia, mi violenta il nonno. Aho!, dico, ma questo è matto!!! No, però ha fatto delle cose buone, guarda che bell'impianto... Ma dico?!

Ma proprio noi che abbiamo inventato la democrazia, il diritto, la giurisdizione, i romani, abbiamo avuto i piú grandi eroi di tutti i tempi, Attilio Regolo, Orazio Coclite, Pietro Micca... Quelli hanno dato la vita per le future generazioni, oh! Micca s'è acceso il fiammifero e ha dato fuoco alla miccia, è saltato in aria per noi, per le future generazioni. Te lo immagini Pietro Micca con il fiammifero acceso, gli fossero apparse davanti le future generazioni. Gli appariva davanti Emilio Fede e Cesare Previti... eh? C'ha detto bene che non ha avuto la premonizione. Sennò il fiammifero lo spegneva subito. I fratelli Bandiera, Cicerone, Muzio Scevola, ecco cosa mi dimenticavo qui a Roma, quelli sono uomini rigorosi, morali, tutti d'un pezzo, dice:

– Aho, ho sbagliato a compiere un'azione con questa mano e questo braccio. Quest'organo del corpo umano me lo brucio nel braciere –. Pah!!!

Ora, i nostri politici, con tutte le cazzate che hanno fatto, che organo ci dovrebbero mettere nel braciere? Lo domando a voi. Si dovrebbero mettere in fila, tà tatatà. Solo non lo fanno perché non c'arrivano neanche, perché c'hanno un pisellino piccino cosí.

Oh, questa storia del pisello avrete capito che mi interessa parecchio. Effettivamente è una zona che mi piace. Ma dico, perché a volte la politica è anche in contraddizione col sesso e diventa anche piú erotica, no? Mi chiedo sempre: chissà come ce l'avranno stando tutto il giorno seduti, tutto rintorcinato. Chissà che pisellacciaccio, mi piacerebbe vederlo un secondo.

Buttiglione: chissà come ce l'avrà Buttiglione? Buttiglione secondo me ha una palla sola, una gliel'ha data a Bianco, una l'ha tenuta lui... Povero Buttiglione.

Bossi lo sappiamo, ce l'ha duro però, dice, manda al manicomio la moglie. La notte, mentre fanno l'amore, improvvisamente pà!! ribaltone, tatatataà tatatà, se la rigira quaranta volte. Hai visto che mascella che c'ha, dice c'ha una cinciallegra spaventosa, proprio il colosso di Prodi.

Fini? Fini ce l'ha alla francese, semipresidenziale alla francese, costringe la moglie nel preambolo amoroso a dire una parolina francese per forza. Prima di fare l'amore la moglie deve dire:

– Oui, je suis Catherine Deneuve.

Se no non ce la fa proprio.

Craxi come minimo ce n'ha sette otto, l'avrà rubati a tutti quelli del partito. Da qui la famosa frase: «So' cazzi vostri».

Ferrara... vabbè, Ferrara vai a trovarglielo! Sarà lí tutte le mattine...

– Eppure ce lo dovrei avere!

Poveraccio, non se lo trova, non se l'è mica mai visto, come fa a vedere...

– Eppure ci dovrebbe essere!!!

Ha mandato proprio degli esploratori con la canoa, con la cartina, la bussola, tutta la mappa. Si sono persi pure loro, ogni tanto esce un raggio fumogeno da Ferrara.

– Siamo noi!!! Alla ricerca del pisello perduto.

No, chiedo scusa, per Ferrara... non sta bene per le persone grasse...

Volevo fermare questo rutilare, se voi permettete, con un intermezzo musicale per chiudere anche un po' con la politica. Volevo cantare una canzoncina che non ha niente a che fare con la politica, una canzonetta fresca, allegra come il pinzimonio, per rinfrescare. Chiunque ci si riconoscesse è puramente casuale.

Il titolo è *Quando penso a Berlusconi*. Essendo stato il Cavaliere il protagonista della nostra politica è giusto che sia il protagonista anche dello spettacolo. Farò una canzone da varietà, da avanspettacolo, dove tutte le rime son permesse, una bambinata. Se il mio tecnico del suono Eleuterio mi manda la base (è un vigile urbano, ha preso a giocare di brutto con le carte e...)

[*Parte la musica*]

Grazie Eleuterio, una balera!!! «Quando penso a Berlusconi», la quale narra la gioia di vivere in Italia... di quando mi sveglio la mattina come Gozzano, «mio cuore monello giocondo, che ride pur anco nel pianto // mio cuore bambino ch'è tanto felice d'esistere al mondo» quella gioia, proprio anche di essere italiano... quella retorica. Il Paese dei santi, dei poeti, dei navigatori, dei grandi statisti, qualche volta viene in mente. Mah, ve la voglio far sentire, vai Eleuterio con la base!

[*Parte la musica*]

Ah che bellezza essere italiano
ai tempi nostri e a quelli di Ben Hur
Colombo, Dante, Cesare, Tiziano
e Camillo Benso conte di Cavour.
Sorseggio il cappuccino e mi ci beo
pensando a Garibaldi e a Galileo,
e mi sento il corpo turgido, gagliardo
se penso che discendo da Leonardo.
Penso a Coppi sul Tonale e mi sale su il morale
e mi sale un'erezione quando penso a Cicerone,
ma poi penso a Berlusconi e mi si sgonfiano
       i coglioni,
mi si sgonfiano le palle, non so piú dove cercarle.
Quando penso a quel biscione mi si abbassa
       la pressione,

l'apparato genitale c'ha un collasso verticale.
Quando penso a Berlusconi il testicolo si ammoscia
tutto il corpo mi si affloscia
ogni cosa mi va giú e non mi si rizza piú
oohh non mi si rizza piú
oohhh [*fischia*]

È una mezza malattia, la cosa che mi dà piú fastidio è con le donne, perché se le donne mi nominano una cosa dell'ambiente là, nel momento culminante trataratú, finisce tutta la poesia. Proprio con la donna italiana ch'è la piú bella del mondo... la piú chic... «donna, mistero senza fine e bello»... Mi fanno ridere le francesi, le inglesi, le tedesche.
Io sto con una ora, si chiama Luana... mi dà del lei anche nell'atto intimo.
– Prego, si spogli, si sdrai, si metta cosí, via i calzini, via le mutande, dopo di lei, prima di lei.
Ve la voglio far sentire... Vai Eleuterio con la base, grazie!

[*Parte la musica*]

Che bella ch'è la femmina italiana,
vestita gnuda, rossa mora bionda.
Ier sera sono uscito con Luana
che c'ha un sorriso come la Gioconda,
due monti rosa dentro al reggiseno,
e gli occhi color del lago Trasimeno.
Insomma ha il corpo come lo Stivale,
monti vallate e parco nazionale.
Eravamo su un bel prato fra il profumo della menta
quando lei mi ha sbottonato sussurrando
                    «Mi consenta».
Luana, mi dici una cosa...

Ciò che sembrava una locomotiva
è diventato un nocciolo d'oliva.
Luana da italiana non ci crede
e mi domanda «Amore che succede?»
Io mi arrabbio e dico «Dài!, mi domandi cosa c'è,
ma tu ancora non lo sai
quel che mi succede a me?
Ma lo sa tutto il mondo, Luana»

(si chiama Luana lei, una Luana a Roma sarebbe stata il massimo!)

Ma ormai lo sanno anche i sassi
te lo dico per l'ultima volta, ma non te lo devi
         scordare mai piú
a me... io...
Quando penso a Berlusconi mi si sgonfiano
          i coglioni,
mi si sgonfiano le palle, non so piú dove cercarle.
Quando penso a quel biscione mi si abbassa
         la pressione,
l'apparato genitale c'ha un collasso verticale.
Quando penso a Berlusconi il testicolo si ammoscia,
mi si appoggia sulla coscia
mi va tutto alla rovescia.
Non mi scappa piú la piscia
si sfrantuma la brioscia
mi diventa moscia moscia
ci saloscia la carrozza di minozza l'attirozza
poi di corsa mi va giú e non mi si rizza piú,
non mi si rizza piú,
non mi si rizza piú,
non mi si rizza piú,
rizza piú!!!!

[*Finisce la musica*]

Grazie mille... thank you very much. Se voi permettete approfitto di quest'attimo di pausa per bere un sorso d'acqua di Roma che fa bene anche alla chioma, mentre quella di Frosinone fa bene a Buttiglione... [*tira su col naso, come sniffasse*]... un altro sorsettino... [*tira di nuovo su col naso*]... ottanta milioni 'sto bicchiere d'acqua... [*tira ancora su col naso*]... oh, è acqua e non vorrei che uno pensa Benigni tira acqua... cazzo... [*gli cade l'acqua sui pantaloni*]... Ecco lo sapevo, mi son bagnato proprio nella zona. Non vorrei con quest'umidità mi venisse un'artrite deformante proprio qui. C'è un medico? No. È anche una zona che ci tengo molto, c'ho anche dei bei ricordi qua...

A me sinceramente ci sono due cose che mi piacciono proprio tanto tanto nella vita... la seconda è viaggiare!!!

Amici di Roma, approfitto di questo momento di umidità... fa anche freddo stasera in questo teatro qui, risparmiamo sul riscaldamento, via... ringraziandovi di essere venuti qua... vorrei trovare le parole per dirlo, come recita il titolo d'un bel libro. Se avessi gli indirizzi, vi manderei degli alberi di fiori, dei pinzimoni a casa. Potrei anche raccontarvi la favola piú breve del mondo. C'era una volta un gatto che andava in Canadà, e questa è la metà, ci aveva un cartoccetto con dentro del prosciutto, e questo è tutto.

Ringrazio anche il Comune di avere messo su questa tenda. Appena vado via ci viene D'Alema, qua. Sistemerò le cose per lui... Ringrazio la Provincia, la Regione, la Nazione, l'Onu... Yasser Arafat... di averci dato questa opportunità di stare insieme.

E nella ossequiosa contemporaneità di ringraziarvi

io vorrei passare a un altro argomento. Noi si ride ma c'è anche la parte... «the dark side» dicono gli inglesi: il dolore. Come mai si soffre, come mai si sta male. Quello che vediamo davanti ai nostri occhi e quello inespresso. Come dice Pascoli, perché *il dolore è piú dolor se tace*... Signore, perché si soffre? Ognuno di noi s'è fatto 'sta domanda e non c'è stata mai risposta, eppure nostro Signore c'ha lasciato le cose fatte bene. I gigli dei campi, i discorsi delle montagne, i bambini, i fiumi, l'amore, gli animali. Nostro Signore, nel quale credo – perché poi al Teatro Tenda t'arriva una fulminata all'improvviso – si fa per scherzare...

Io son credente. Per soddisfazione. È una tesi mia che devo sviluppare meglio. Quando si prendevano quelle discussioni religiose al mio paese c'era uno, si chiamava Guazzani, che non ci credeva. A volte dicevo:

– Tu cosa ne pensi?

E lui diceva:

– Io sono ateo grazie a Dio.

E se ne andava via per la sua strada. Quella è la tesi di Pascal. Invece io son credente per soddisfazione. Perché mi piace nelle discussioni o avere torto o avere ragione, ma concluderle mi piace di piú, no? Allora quello che non ci crede, se c'ha ragione lui, non potrà mai avere la soddisfazione di dimostrarmelo. Se quando si muore non c'è nulla, che me lo dimostri. Invece io che ci credo, quando si muore l'aspetto di là. Appena arriva...

– Ah!!! Imbecille, hai visto che c'avevo ragione io!

Insomma, è una tesi che ora devo sviluppare meglio con Norberto Bobbio e il cardinal Martini, si deve buttar giú un libriccino.

Comunque, se tornasse Dio sarebbe contento di noi o ci prenderebbe per scemi? Non si può star cosí male, qualcuno deve aver fatto un errore per forza. Ci deve essere stato un fraintendimento, un qui pro quo. Tornasse Dio, ci sarebbe, non so, San Pietro colla barba e il bastone davanti al Paradiso. Con queste regole il Paradiso sarà quasi vuoto perché è difficilissimo andarci. Ci sarà giusto San Francesco e altri tre o quattro di Palombara Sabina buoni buoni. Poi, pochissima gente.

Ecco, mettiamo torna Dio.

– Ehilà, Pietro!
– Chi è?
– Uah, sono io, son Dio...
– 'orca, Dio... non me l'aspettavo mica...
– Oh, sono Dio... t'ho mica detto torno sabato alle cinque, io torno all'improvviso, sono Dio, eh?
– Giusto, come va?
– Bene, te?
– Bene, lei?
– Io bene, Pietro... la mia famiglia come sta? Gesú, Giuseppe, Maria tutt'a posto?
– Sí!
– Quell'imbecille di Lucifero?
– Bene anche lui.
– No, perché qui prima queste tre reti – Inferno, Purgatorio e Paradiso – erano tutt'e tre mie, non so se ti ricordi, poi ha cominciato a far storie, insomma non è democratico, facciamo un referendum. Insomma, glien'ho data una a lui una io e una al cinquanta per cento. L'ho fatto per dar l'esempio, nemmeno Dio c'ha tre reti. Voglio vedere chi ci riesce, giusto?
– Giusto...
– Ma lasciamo perdere queste bischerate. Pietro, io mi sono tenuto quella con piú audience, il Paradiso! Dovrebbe esser pieno, posso dare uno sguardo?
– Prego!

– 'orca miseria... ma è tutto vuoto?! Ma mi meraviglio di te, Pietro, puttana Eva! Chi è?
– Adamo...
– Com'è?
– Eh?
– Io ho detto puttana Eva? No, Adamo! Non l'ho mica detto per tua moglie, per carità. Oh, ma questo picchia! C'ha proprio il bastone, è violento! Adamo, buono! Ho detto puttana Eva cosí per dire! Lo dice anche Pietro... Ma questo picchia proprio. Fermo, ohh!!!

Ma è violento proprio, ma che è, geloso? Non l'ho inventato io 'sto puttana Eva. Lo dicono tutti. Ma che ce l'ha con me ancora per quella storia della mela? Come c'ha ragione lui? Non so come te l'ha raccontata, ma c'ho ragione io! Io li feci, feci Eva e Adamo, no? Li misi nel Paradiso terrestre, nell'Eden... a proposito, c'è ancora l'Eden? Come? C'hanno fatto un cinema? No! Veramente?! 'orca, questo mi dispiace... Insomma, li misi lí e gli detti un comandamento solo: gli dissi: «crescete e moltiplicatevi», che poi tradotto sarebbe «mangiate e trombate», e infatti loro mangiavano e facevano l'amore. M'hanno finito tutto! Avevo un albero di mele, le mele renette, sai quelle belle, verdi, cultura biologica, fanno anche bene alla digestione, alla testa, gli dissi: – Adamo! Una lasciatemela! – Spregiosi, m'hanno rotto i rami, me l'hanno scaricato. So che c'ha messo lo zampino quell'imbecille di Lucifero, è apparso sotto forma di biscione, è vero!

– E lo so, e vabbè, ma...
– Senti un po', ma l'hai scritte quelle due o tre regole che ti dissi per far venire la gente in Paradiso?
– Gliele dettai a Mosè!
– Dov'è?
– A Mosè gliele dissi, erano semplici semplici.

– Chiamalo un po', dov'è? Mi sembra strano sia vuoto il Paradiso.
– Eccolo là.
– Mosè, vieni qua! Mosè!!! Ma che è sordo? Oh Mosèeee!!! Mosèeee!!! Ma è sordo proprio? Come va, Mosè? Tutto a posto? È passata la bambina in quinta elementare? Ha fatto il militare tuo fratello? Te vai bene?
– Eh, abbastanza.
– Dimmi un po', le hai scritte quelle due o tre cose che t'ho dettato? Avete fatto un libro! Nooo! Bello, come s'intitola? La Fibbia? E che vuol dire? Ah, la Bibbia... avevo capito la fibbia. Dico, che è? Un libro per calzolai? Bello, guarda che bell'edizione. Ha venduto? Best-seller! Poi per le royalties si fa i conti eh... Tradotto in tutte le lingue, ma guarda. Bello! Guarda qua... Genesi, Esodo, la Legge, San Giovanni...
«All'inizio era il verbo...» E che vuol dire?! «All'inizio era il verbo»? Che avete fatto, un libro di grammatica, ragazzi? «All'inizio era il verbo». Poi, casomai, all'inizio ci sarà il pronome. E che metti prima il verbo del pronome?! Ma che avete scritto un libro in dialetto sardo? Mangiato io ho! Ma che siete impazziti? Ma qui si comincia male. A parte che non t'ho mai detto... questo è proprio sordo sordo sordo... Ma io dovevo rimanere a corregger le bozze di 'sto libro. Ma non ti dissi «All'inizio era il verbo», ti dissi «All'inizio era il cervo»! Il cervo, l'animale... gli dissi: «Mosè, non posso cominciare dalle persone, fammici prendere la mano colle bestie, no? E cominciai dal cervo, anche difficile con tutte quelle corna, mi ci volle una settimana. E dissi: «Scrivi: "All'inizio era il cervo"... M'ha scritto il verbo! Ma veramente mi meraviglio di te, puttana Eva... ma Adamo, non mi rompere le scatole... Adamo, dài co' 'sta puttana Eva! Ma

questo picchia proprio... Fermo! Non picchiare, ch'è pure peccato! Non si picchia, si discute. C'ho una discussione seria, 'sta puttana Eva non l'ho inventata io. Se ne discute dopo, dài, ora c'ho una discussione seria! Co' 'sta puttana Eva questo è proprio geloso... all'inizio era il cervo, roba dell'altro mondo! Ma andiamo avanti...

«E Dio fece l'uomo a sua immagine e somiglianza, poi prese una costola e fece Eva. Ebbero due figli, Caino e Abele».

Che? Due figli maschi!? Ma ti dissi un maschio e una femmina, Caino e Adele... Adele ti dissi... Adele, no Abele, ma che nome è Abele? Adele ti dissi! E infatti poi l'ha ammazzato! Per forza, due maschi! Chi trombavano, scusa? Ma a leggere questo libro c'è da diventare buddisti, ragazzi... ma questo è sordo proprio... Gli dissi un maschio e una femmina. Ma poi feci prima Eva, perché si fa sempre prima le donne, no Adamo?! Anche per cavalleria. Ma che c'avete dei problemi con le donne? Poi, anche se avessi fatto prima Adamo, che faccio, gli levo una costola e faccio Eva, poi gli levo un orecchio e faccio i termosifoni, un ginocchio e faccio i denti? Mi fate andare al manicomio...

Ma andiamo avanti, va'. «E Dio disse: "Sia la luce..."»

Sia la luce?! Come la luce? Sia l'alluce! Ti dissi l'alluce! Ma questo è sordo. L'alluce, te lo indicai pure. Ma non ti ricordi quando feci Eva? Camminava tutta sbilenca. Cosí dissi: vuoi scommettere che mi son dimenticato di fargli il dito grosso dei piedi? E infatti andai a vedere e non ce l'aveva. E ti dissi: «Mosè scrivi "Sia l'alluce e l'alluce fu"»!!! Hai scritto: «Sia la luce»? È da un bel po' che c'era la luce. E che faccio Adamo ed Eva al buio, imbecille! Ma poi, sembro un agente immobiliare. «Sia la luce», poi «Sia il gas e sia il telefono»... ma veramente mi meraviglio di te puttana Ev... Evelina. No, ho detto Evelina, è un'amica mia... No, non te lo posso dare il numero, mi dispiace. Dài, Adamo co' 'sta puttana Eva, se ne discute dopo, stai bono, non picchiare, stai bono, stai calmo su! Ma roba dell'altro mondo: «Sia la luce» invece di «Sia l'alluce». Ma poi guarda a me come m'hanno rappresentato, dovevo lasciare una fotografia: un occhio dentro a un triangolo. Che sono brutto cosí? Ma che vuol dire un occhio dentro a un triangolo? Sembra l'insegna di un oculista con la macchina guasta. Ma poi tutti 'sti modi di dire, «Gloria a Dio nell'alto dei cieli», «Pace in terra agli uomini di buona volontà». E le donne? Ma che c'avete problemi con le donne? Per cominciare le messe: «Fratelli...» E le sorelle? Macché c'avete problemi con le donne?! Addirittura per farsi il segno della croce, nel nome del Padre, del Figlio e – pur di non nominare la madre – lo Spirito Santo, che non si sa neanche che è! Ma sembra la settimana enigmistica 'sto libro... Ma voi c'avete dei problemi con le donne! A parte poi 'sto segno della croce vorrei sapere chi l'ha inventato, perché a me non m'è mica tanto simpatico. No, per salutare me che sono il babbo non puoi mica ricordarmi com'è morto mio figlio! È morto in croce e mi fai il segno della croce tutte le volte che m'incontri, scusa, è carino? Sarebbe come se a una donna che gli hanno impiccato il figlio, ogni volta che uno la incontra «Buongiorno signora... Zac» [*fa un gesto*]... non mi sembra tanto simpatico. Peggio ancora se è morto sulla sedia elettrica. No, lo trovo un po' macabro. Ormai l'avete inventato, lasciatelo, per carità, è troppo difficile cambiarlo.

Senti un po', andiamo avanti. I Nove Comandamenti glieli avete dati? Dieci!!! Chi ha aggiunto un comandamento?! Io ne avevo dettati nove! Eh, me li fai vedere..? [*recitando una litania*]... «Onorailpadrelamadre nonrubare nonammazzare nonfornicare», nove «nondesiderarelarobadaltri», dieci «non desiderare la donna d'altri»... Ragazzi, io ho capito: voi due non avete trombato mai in vita vostra. Voi c'avete dei problemi con le donne, ma grossi, grossi! Ora vi mettete su quel lettino e mi raccontate dei vostri problemi d'infanzia, perché qui è una cosa seria. «Non desiderare la donna d'altri»? Ma che faccio, un comandamento solo per gli uomini? Alle donne che gliene frega di non desiderare la donna d'altri? Ma che faccio, un comandamento solo per una categoria, io?! Sarebbe come fare un comandamento, che so, solo per gli elettricisti: «Non rubare le lampadine da cento watt». Ma ai falegnami che gliene frega, scusa? Mi meraviglio di te, Pietro, di te Noè... Nosè... Norè... Morè... Moreno... come si chiama? A proposito di Noè, dov'è Noè, quello dell'Arca, almeno lui m'ha ubbidito! Noè, quello degli animali, l'Arca di Noè, il Diluvio Universale... Chiamalo! Eccolo là, quello lí coll'ombrello, coll'impermeabile tutto bagnato. Vieni qua, Noè! Chiudi l'ombrello. Senti come starnutisce. Come va?

– Bene...

– Di', la bambina è passata? S'è rotta la gamba tua zia? Mi dispiace. Senti un po', l'hai portati tutti gli animali sulla Terra? Ti dissi due per ogni specie! Senza fare incroci, di stare attento. L'hai fatto? Cane, gatti, cavalli, anatre, dinosauro, cavallo alato, l'ippogrifo, l'unicorno, il centauro.

– Ma io, vede, signor Dio, le devo dire che mi son trovato parecchio male. Perché prima di tutto ha scelto proprio la persona sbagliata. Perché a me gli animali non mi piacciono proprio, mi stanno proprio sulle scatole. Sono allergico agli acari, la puzza, le cose, io non l'ho mai sopportati. E in piú soffro pure di mal di mare! Ho passato proprio le pene dell'inferno con quest'arca di Noè. Pioveva che... Dio la mandava e lei lo sa bene. Mi son messo sopra, prima di tutto mi ci volevano un paio di assistenti perché da solo non ce la facevo. Io glielo dicevo: due per ogni specie! Dentro! Due per ogni razza! C'era quelli che facevano i furbi, le volpi saranno entrate quaranta volte... Bone! Foriii!!! Le faine... chi entrava di qua e di là! Un casino, una fatica. Le formiche non le trovavo piú. Sono entrate le formiche? Le avevo spiaccicate. Alla fine è entrata la lumaca (c'ha messo tre settimane), ho chiuso e sono andato via. Sono andato a riposarmi un po' sottocoperta. E a un certo punto sento un casino di sopra. Vado a vedere cosa succede: erano gli ultimi due della specie e si dovevano rifare, un trombío... tutti a trombare contemporaneamente... Boni, c'avete tempo, dico, che cazzo!!! Qui mi rompete la nave, mi rompete l'Arca... Il topo colla topa, la gallina col gallino, l'anatra con l'anatro, la maiala... e lo struzzo, il cammello, un trombío generale! Chi trombava di qua, chi trombava di là, andava di moda 'sta topa... Tutti a cercar la topa, buona la topa, bella la topa, la tacchina... tutti a trombare... mi rompete l'Arca! Il canguro trombava a saltelli tututum tatatà tututum tatatà... Mi spezzate l'Arca! Non vi mischiate, gli dicevo. Poi cominciavano a guardarsi. Non mischiate le razze! Il cammello guardava l'anatra, l'anatra guardava la gallina, l'oca guardava la porca, la porca l'oca, la maremma maiala, un casino! Tu hai da vedere che inferno, il tacchino guardava la cagna. Dico, stai fermo, chissà cosa viene fuori, la taccagna? Stai bona, un mescolio... chi si trombava di sopra, chi si trombava di sotto, di qua, di là. La talpa, poverina, era cieca, non ci vedeva, l'hanno trombata tutti, tutti proprio! Ma devi vedere che gli hanno fatto, poveraccia, a quella talpa! Poi lei, poverina, ogni tanto se n'accorgeva che qualcosa non andava, diceva: «Ma sei il talpo te?» «Sí sí, io sono il talpo...» L'hanno presa in giro, poverina. Poi c'era lo struzzo. Come metteva la testa sotto terra... zumpete!, tutti dietro. E che è! Proprio dei maiali. Hai visto che sedere c'ha lo struzzo? Ce l'aveva piccino cosí, glielo hanno fatto loro. C'eran quelli che si montavan la testa, un cane bassotto voleva trombà la giraffa, le zanzare mi venivan sul naso. Non le potevo ammazzare, eran le ultime della specie. Una cosa... C'avevo bambini piccoli, Sem, Cam e Jafet. Tutto il giorno a domandarmi: «Babbo, cosa fanno?» Niente, non guardare. «Babbo, cosa fanno?» Niente. «Babbo, cosa fanno?» Alla fine gliel'ho detto: «Trombano!» Oh, mi son levato la soddisfazione. E poi c'era quelli che provocavano. Una pecora c'aveva un culino fatto bene, passava tutti i giorni cosí... mamma mia quanto l'han guardata!!! E l'ho guardata anch'io. Sí, Pietro, vorrei vedere te a stare diciotto mesi con tutto il mondo che ti tromba intorno, e io nella fretta mi ero dimenticato di prendere la femmina per me... Hai capito, imbecille! Vorrei vedere te! A me non mi parlate piú d'animali, proprio non ce la faccio piú!

– Vabbè... Senti, Noè, te sei un po' troppo nervoso, io ho capito. Rilassati, riposati, fai una passeggiata, va' allo zoo.

Senti, Pietro: ormai questo avrà mischiato di sicuro tutte le razze, non è stato attento, chissà che casino ha fatto. Questo è assurdo. Ma posso vedere che casino avete combinato nel mondo, posso dare uno sguardo?

– Prego!

E Dio dà uno sguardo al mondo:

– Che casino! Che traffico, che puzza, madonnina. C'è il buco dell'ozono, mamma mia, e quello là chi è, quell'incrocio, quella pianta là? Non l'ho mica inventata io. Pietro, che roba è? La pesca-noce? No, che cazzo di invenzione è la pesca-noce? Però non è brutta, è vero a me la buccia della pesca dà un po' fastidio, quella peluria lí. Anche il mandarancio è bello, si sbuccia bene. È una bella invenzione! E quell'animale lí che animale è, non l'ho mica inventato io... brutto questo incrocio, che animale è? Il mulo. Ah, un incrocio tra l'asino e il cavallo. Questo gli è scappato a Noè, non se n'è accorto, quell'imbecille! Madonna!!! E quello che animale è? Questo fa schifo veramente, che brutto incrocio è, che animale è, Pietro? Che? Un uomo?! Chi? Giuliano Ferrara?! No, dico, non per fare battute sulle persone grasse che non sta bene. Senti, Pietro, senti... quella frase che t'ho detto, «Dio fece l'uomo a sua immagine e somiglianza», la puoi cancellare? Nooo, no, non per lui, te l'ho detta cosí sovrappensiero, non è importante, te l'ho buttata là, non ci pensavo. Grazie, cancellala da tutte le copie, grazie. Oh, guarda, il comunismo è caduto dappertutto, guarda là. In Russia non c'è piú, in Cecoslovacchia non c'è piú, in Polonia non c'è piú, il Muro di Berlino non c'è piú. A Cuba c'è ancora! E vai, Fidel!!! Ma guarda 'sto Fidel come regge, oh! E anche in Italia, Bertinotti c'è ancora, ma guarda come regge anche 'sto Bertinotti... è simpatico, sí, quello che vuol tassare i Bot, l'uomo dei Bot, Botman, Botman 2 la vendetta. No, io di sinistra no, no. Mio figlio un po' di piú, sí, sa... è uno un po' sessantottino, quella generazione, è scappato di casa, barba lunga, capelli lunghi, quella generazione lí. A proposito, di che anno è mio figlio? Ah, dello Zero. Senti un po'... no, io non lo posso dire perché sai, influenzerei troppo, dimmi un po', ma guarda... E il mio rappresentante dov'è? Il papa! Eh, dove? In Italia! Ah, quello lí a Milano che dice «sono unto dal Signore»? Chi? Silvio Berlusconi? E perché dice «sono unto dal Signore», chi c'ha mai mangiato la frittura insieme a questo? E be', questo si è macchiato con l'olio e mi dà la colpa a me! Ora quando viene su lo sistemo io! No, no, dico, non c'è mica... dov'è? Piú giú? Quale, quello lí a Grosseto, no... quale, quello lí a Hammamet? Bettino Craxi? Quello in Italia sta come un papa [*cantando*], Pasqualino Maharajà, taratatatà, proprio un papa in terra... sembra un po' un papa, eh... A Roma, eh già, Wojtyla!!! Ma guarda, hanno fatto papa il polacco! No, sul sesso non ci capisce niente però è bravo, come papa è bravo, è simpatico... no, eh? Porca miseria!!! Il cielo non se li piglia, noo!!! Cosí... Oh, ma questa è l'epoca dove c'hanno tutti il telefonino, già siamo avanti? È anche l'epoca dove dicono «un attimino», «mi sento un attimino stanco». Poi c'è anche le telenovelas, no!!! Scusa Pietro, ma se c'è il telefonino, l'attimino e le telenovelas, non ci sarà mica anche per caso il «gratta-e-vinci»? Síí? Allora siamo nell'epoca del rincoglionimento totale!!! Senti Pietro, allora, tu domani mi fai un piacere, Pietro! Chiama Giosafat, tanto siamo vicini, e gli dici: «Ha detto Dio: libera la valle perché domani si fa il Giudizio Universale anticipato, il 21 aprile!!» L'anticipiamo... Anticipato!! Non mi interessa, sciogliete le camere, il 21 aprile, Giudizio Universale!!!

Ora, ragazzi, io mi son sempre chiesto, sempre, quando tutti insieme, di tutte le razze, le religioni, le nazionalità ci troveremo nella valle di Giosafat per il giudizio finale. «E dietro ne venia sí lunga tratta, di gente che io ne avrei creduto che morta tanta ne avesse disfatta, farò un imperatore». Imbianchini, farmacisti, faraoni, imperatori, ciclisti, ortolani, tutti insieme a essere giudicati... che spettacolo della natura, e Dio quanto c'avrà da fare per organizzare tutti.

– Boni! Fermi! Gli americani a sinistra! Gli inglesi dietro! Fermi! Dividetevi! Non vi mischiate! I francesi piú là, i cinesi... Madonna quanti sono i cinesi, oh quanto c'è?! Ma mica me n'ero accorto Pietro! Ah, mi son sbagliato, per ora mettetevi su quella collina! Vi sistemo dopo, lo so che si sta scomodi, cinesi, vi sistemo dopo! Boni! Gli inglesi ho detto di là! Quelli avanti Cristo dopo, quelli dopo Cristo avanti! Dividetevi! O di qua o di là, non si può stare nel mezzo! Chi è quello lí in mezzo, Buttiglione! Ancora non si è deciso, e vada da qualche parte! Pannella la smetta di chiedere firme con 'sti referendum! Qui c'ha materiale, eh, che vuole abrogare il Purgatorio? Boni, di qua o di là! Gli australiani dietro! Gli italiani a sinistra, gli africani a destra! Craxi, dove va?? Ancora con questi africani! E con questa Hammamet! C'ha fatto due scat... Lei è italiano, se n'è dimenticato? Vada dalla parte sua, non si sbagli piú! Boni, tutti a piedi! Prodi, scenda dalla bicicletta. Fermi! I cinesi li sistemo dopo, fermi puttana Eva! Stai bono, Adamo!! Boni v'ho detto, fermi! Gli esquimesi di là! Chi è quell'italiano in mezzo agli esquimesi? Bossi! Ma lei è fissato proprio col nord, addirittura con gli esquimesi! E che è! Venga qua coi suoi antenati, lei viene dallo Zaire, eh, sí, i Watussi, i Tussi e i Bossi, eh, ué, che c'è, te lo dico io! E che ci posso fare! Boni! Chi è quello lí in mezzo con tutti quei bagagli? D'Alema! Ancora non ha trovato casa, ma gliela trovo io dopo, non si preoccupi! Fermi v'ho detto! Gli imbecilli a sinistra! I grandi statisti a destra! Craxi, dove cazzo va!!! Vada dalla parte sua!!! Lei... lei lo sa bene! Fermi! Mettetevi di là che... boni i cinesi, vi sistemo dopo, lo so che si sta male! Boni che si fa tardi, che ore sono? Svizzeri, dove sono gli svizzeri? Che ore sono? Precise! Grazie! Fermi v'ho detto, chi è quel gruppo là che non entra... chi? I genovesi? È gratis l'entrata, è gratis! Mi sembrava mancasse tutta la città! Ho detto boni, fermi che è un casino, chi è questo che disturba, è tre ore che mi chiama Silvio! Mi chiamo Dio! Che? Mi chiamo Dio, non Silvio, ma chi è, Emilio Fede? Signor Fede... per carità... io mi chiamo Dio, non Silvio.

E Fede dice:
– Appunto.
– E che fa di mestiere questo? Direttore di un telegiornale? Non ci credo Pietro, dài... signor Fede guardi, se ne vada, c'ho da fare.
– Eh, come vuoi tu, Silvio.
– E questo prende in giro! Questa abbronzatura gliela faccio restare in eterno, gli do una fulminata fra capo e collo, signor Fede! Se ne vada che non si ha tempo per scherzare! Via! Boni! State calmi cinesi, boni v'ho detto! I ladri a sinistra! Le persone oneste a destra! Craxi dove cazzo va?! Lei fa una brutta fine, eh?, lei fa una brutta fine perché lo sa bene da che parte deve andare! Basta, non voglio tornare piú sull'argomento! Ho detto boni! Sistematevi di qua. Cazzo, come «Vaffanculo stronza d'una mignotta di tu' sorella della sorca di...» Chi è questo che dice le parolacce? Vittorio Sgarbi? Signor Sgarbi, non si può dire parolacce qua!!!
– Be', che cazzo me frega a me, vaffanculo li mortacci tua, che cazzo vaffanculo te e li mortacci che cazzo me ne frega a me la mignotta de tu' sorella della sorca de tu' fratello de tu' nonno che cazzo me ne frega puttana Eva.
– Adamo! Lui, l'ha detto lui! Vai, l'ha detto lui, vai dal Presidente della Commissione Cultura, vai tranquillo. Fai con calma... Quello c'ha da rifarsi per milioni di anni! Che non hanno inventato proprio

nulla. Boni! Chi è quel gruppo là di cannibali che è tre ore che girano intorno a quella persona là con l'acquolina in bocca? Cannibali! Fate vedere chi c'è lí in mezzo! È Giuliano Ferrara! Cannibali, prima di tutto non si fa battute sulle persone grasse... Mi meraviglio di voi che siete personcine delicate... e poi, veramente, via, non si può mangiare! No! Lo so che è un bel bocconcino, ma non si può mangiare, suvvia, tornate cogli africani! E lei, signor Ferrara, se le va a cercare le battute! S'è messo proprio lí accanto ai cannibali! Vada via, no? Se ne vada!!! Vada via di lí, liberi il posto! Ohhh! Se n'è andato. Ho trovato il posto per i cinesi, tutti al posto di Ferrara! Avanti cinesi!!! Eh, c'entra anche qualche giapponese! Pure quelli del Tufello! Ferrara, si sposti di là che leva la visione della galassia dell'ovest. Che ne so? Sarete sottoposti al giudizio mio e di Pietro.

A queste parole Berlusconi:

– Cazzo! C'è Di Pietro anche qua! Non me ne libero piú, che incubo!!!

Berlusconi chiamerà tutti i suoi ministri, Biondi, Mancuso:

– Che facciamo, mandiamo un'ispezione? Mancuso, che suggerisci?

– Maiodirei pupazzodicenereeziandio vieppiúviaivia...

– Non si capisce niente... Biondi, che cosa?

Biondi è sempre ubriaco, poi, capirai... Ti dà uno schiaffo, Biondi: è il famoso colpo di spugna, vero?

– Non si può confabulare! Chi è lí?

– Sono Berlusconi.

Secondo me Berlusconi, però, ragazzi, non è che si presenta da Dio cosí mollaccione... Come ho detto all'inizio, hai visto come risponde ai giudici? Bisogna ammettere che quello c'ha personalità, è una persona con un certo... vero... vigore. Secondo me si presenta da Dio proprio strafottente... proprio alla...

– Buongiorno collega.

– Come collega! Chi è... Budda?... Allah, Manitú, Tex Willer, chi è?

– No, sono Berlusconi.

– E chi è Berlusconi?

– Come, io sono Silvio Berlusconi, e lei chi è?

– Come chi sono io, io sono Dio! Io sono colui che è, e lei?

– Io... sono colui che ho.

– Colui che ho?

– E io c'ho tutto, qua, là...

– C'ha tutto, e chi sei Cacini, Cacini... ma chi è?

– Sono Berlusconi, io volevo dire... prima che lei emetta un giudizio su di me... mi volevo vero... dirle... se lei mi consente... che io mi sono fatto da solo... che io sono sceso in campo... giuro sui miei figli... Rio Bo Biancaneve mi viene l'orticaria e... non hanno uno straccio di prova, è un complotto. Questo processo si potrebbe spostare a Brescia, scusi?

– No, no, no, no, senta un po', ma chi è insomma lei?

– Sono Berlusconi, prima che lei mi giudichi le volevo elencare un po' chi sono io, dire chi sono. Anzi, se lei permette, le dico tutte le cose che c'ho, anzi, gliela canto, guardi, cosí lei si fa un'idea di chi sono io, con chi ha a che fare. Adesso io le canto... le faccio sapere un po' chi sono io e poi lei mi giudica.

[*Inizia la musica*]

Io sono il boss della coalizione
Casini Fini e ultimamente Buttiglione.
Io sono il leader, il salvatore,

la Provvidenza, sono l'unto dal Signore.
La Standa è mia, il Milan è mio
e la Marini, la Cuccarini le cucco io.
Mentana, Fede, Paolo Liguori,
la Fininvest, Publitalia, Mondadori,
Vittorio Feltri, i due Vianelli,
e se obbediva anche Indro Montanelli.
C'ho Panorama, assicurazioni,
Milano 2, Milano 3, Sorrisi e Canzoniiii,
ville in Sardegna, palazzi a Milano,
un conto a Hong Kong, due a Singapore,
        tre a Lugano,
aerei, navi,
banche e libretti,
sei elicotteri,
duecento doppiopetti.
C'ho Tatarella e Fisichella,
Marco Pannella e Franco Zeffirella,
Clemente Mastella,
la su' sorella,
Gianfranco Funari e la su' mortadella,
Carlo Rossella del Tg un
è mio, e è mio il Tg 2 di Mimun.
Gianfranco Fini,
Paolo Maldini,
Letta, Lentini e Alessandra Mussolini.
Pierferdinando Casini, Fiorello e Fiorellini,
la Mondaini e Roberto Formighini.
C'ho Via dell'Umiltà,
c'ho la segreteria, a via dell'Anima
       de li mortacci mia,
Mi manca la Fiat ma me la piglio,
come ho già preso Miglio e Scognamiglio.
È ancora mia la Presidenza del Consiglio.
Checché si dica è mio anche mio figlio.

Il padre nostro
è solo mio,
e Cosa Nostra non è vostra è cosa mia.
Di aziende e banche
ho fatto il pieno,
basta cosí domani compro il mar Tirreno.
Ma io compro tutto
dalla A alla zeta,
ma quanto costa questo cazzo di pianeta?
Lo compro io,
lo voglio adesso,
poi compro Dio sarebbe a dir compro me stesso.

[*Finisce la musica*]

Non ce la faccio piú, come disse quello che fece la popò in mezzo all'ortiche. A quel punto Dio disse:
– Bene. Lei, vero, c'ha elencato la sua difesa. Adesso io e Pietro ci mettiamo in camera di consiglio e decidiamo dove mandarla e cosa fare di lei. Un secondo... Sí, abbiamo già fatto, noi siamo rapidi, non è come voi.
Senta, allora lei deve andare, Berlusconi... anzi, se lei mi permette, visto che lei ce l'ha cantata, gliela canto pure io... se Pietro mi porta la chitarra... grazie... Lo facevo piú vecchio Pietro... Pietro, del Nuovo Salario... Ecco signor Berlusconi... la prenda come...

[*Comincia la musica*]

Fior di limoni
io e Pietro siam giunti alle seguenti conclusioni:
è meglio che te levi dai coglioni
e vada!!!!
Grazie!!!!

[*Finisce la musica*]

– E uno ce lo siamo levato. È già qualcosa!

Che appunto Dio, essendo stanco, va a prendere la famosa seggiola di Dio.

– Non ho piú il fisico.

Come disse la mamma di Galileo Galilei quando lui se ne andò di casa. Dice:

– Pietro! Madonna che mal di testa... C'hai niente contro il mal di testa? Se non mi passa vado a Lourdes. Senti, Matusalemme come sta? Quello vecchio vecchio, eravamo tanto amici... Quand'ero giú al bar dicevo: «Matusalemme, vieni, vieni al bar a bere, bevi una birra che chi beve birra campa cent'anni». E lui mi diceva: «Cent'anni, e che è, un veleno?» Matusalemme Matusalocchi, scherzavo! Dài, senti un po', ma c'hai niente contro il mal di testa? Ce l'ho io una cosa se non dici niente a nessuno... una canna! No, non fa male, io ne porto sempre una fatta... Sí, fa bene... Come, non è peccato! L'ho fatto anche scrivere a Mosè nel libro. L'ho fatto scrivere al mio popolo, quando nel deserto non avevano né da mangiare né da bere, gli dissi: «Scrivi!» e gli feci piovere la canna. Cosa? Hai scritto la manna?! Cazzo, Mosè, la manna! Hai sbagliato pure questo? Ma che è la manna? Sembra la settimana enigmistica 'sto libro... Gli dissi, poracci, non c'hanno né da mangiare né da bere, si fanno una fumatina... E m'ha scritto la manna! Ma Mosè, sei veramente sordo, ma proprio sordo! Vabbè, senti, facciamo cosí. Avete sbagliato. Pietro... tutte queste regole! La gente è confusa, ne bastano poche di cose, sennò il Paradiso è vuoto. Un comandamento solo basta, quello che ha detto mio figlio: «Ama il prossimo tuo come te stesso». Sant'Agostino ha detto un comandamento solo che li raggruppa tutti, ha detto: «Ama e fa' ciò che vuoi». È inutile scrivere non rubare, non ammazzare... Se io vi amo, non ti rubo, non t'ammazzo, ne basta uno... «Ama e fa' ciò che vuoi», scriviamo solo questo, giusto? Chiamiamo Mosè... oramai è lui lo scrivano, e glielo facciamo scrivere a lui. Mosè, vieni qua! Mosè! Mosè!!! Chi è questo in bicicletta? Chi? Moser? No, no, scusi, cercavo Mosè, senza la erre finale... Mi sembrava strano, Mosè in bicicletta, eh? Ciclista italiano, uhm, simpatico... No no no, cercavo Mosè, vada. Grazie, grazie... Moser? Mosè, ma sei sordo? Vieni qua! Allora, Mosè, capisci quello che dico? Lo capisci? Mosè, allora, scrivi questo comandamento, com'era, ah be', un po' di cipiglio ci vuole, scrivi, allora che questa è «la somma parola: amate, e basta»! Giusto? Hai scritto? Questa è «la somma parola: amate, e basta»! Come sarebbe a dire... «questa è la pummarola, mangiate la pasta»? Sí, avevo detto cosí... come comandamento non è mica da buttar via... avevo scritto, sí ho detto cosí, Mosè, è un bellissimo comandamento! Sí, io ci metterei un po' di parmigiano pure. Vabbè, allora spedisci fax a tutti con questo comandamento: «Questa è la pummarola, mangiate la pasta». È bellissimo, bravo Mosè, è il piú bel comandamento che mi hai dato... Pietro, io non ce la faccio piú, questo è proprio sordo, sordo... Senti un po', Pietro, allora facciamo che il Giudizio Universale te lo finisci te, tanto ormai hai capito come si fa, no, stai attento ai politici perché sono i piú furbi di tutti... quelli che hanno fatto politica per arricchirsi personalmente li mandi giú, e quelli che hanno fatto politica per il bene dei popoli e delle genti, li mandi su... Craxi, dove cazzo va???

[*Stacchetto musicale*]

Thank you, grazie tante, a questo punto vorrei dedicarvi quella che dicesi una canzone d'amore, proprio come a Sanremo. Siamo in concomitanza, e perché noi non siamo da meno... Allora volevo farvi una bella canzone d'amore che è da tanto che mi piaceva farvela, dedicandovela proprio con tutto l'affetto, che si intitola «Quanto t'ho amato», e parla di quel sentimento, quando tra due persone... con le parole non si riesce a dire... perché dice... ma avrà capito quanto la amo, quanto le voglio bene, insomma, l'ineffabilità di quel sentimento... Tutti ne hanno parlato, da Aristotele a Little Tony, quindi non siamo i primi. Insomma, non è che la canzone spiega cos'è l'amore, sarebbe come scomporre l'arcobaleno, come dice uno dei miei poeti preferiti che è William Blake. Narra invece di questo sentimento che le parole a volte non riescono a dire. E qui... dài Benigni, facci 'sta canzone e falla finita! Vabbè, io vi ringrazio del consiglio, del suggerimento, e vi dedico questa canzone d'amore, come usano le rime in queste cose, con tutto il cuore... Grazie!

[*Comincia la musica*]

Se tu mi avessi chiesto «come stai?»
Se tu mi avessi chiesto «mi hai pensato?»
T'avrei risposto «bene, certo, sai».
Ti parlo però senza fiato,
mi perdo nel tuo sguardo colossale,
la stella polare sei tu.
Mi sfiori e ridi, no, cosí non vale.
Non parlo, e se non parlo poi sto male.
Quanto t'ho amato e quanto t'amo non lo sai
e non lo sai, perché non te l'ho detto mai.
Ma anche se resto in silenzio tu lo capisci da te.
Quanto t'ho amato e quanto t'amo non lo sai

non l'ho mai detto e non te lo dirò mai.
Nell'amor le parole non contano
conta la musica.
Se tu mi avessi chiesto «che si fa?»
Se tu mi avessi chiesto «dove andiamo?»
T'avrei risposto dove il vento va,
le nuvole fanno un ricamo,
mi piove sulla testa un temporale.
Il cielo nascosto sei tu.
Ma poi svanisce in mezzo alle parole,
per questo io parlo e poi sto male.
Quanto t'ho amato e quanto t'amo non lo sai
e non lo sai, perché non te l'ho detto mai,
ma anche se resto in silenzio tu lo capisci da te.
Quanto t'ho amato e quanto t'amo non lo sai,
non l'ho mai detto e non te lo dirò mai.
Nell'amor le parole non contano,
conta la musica.
Quanto t'ho amato e quanto t'amo non lo sai
e non lo sai, perché non te l'ho detto mai.
Ma anche se resto in silenzio tu lo capisci da te.
Quanto t'ho amato e quanto t'amo non lo sai,
non l'ho mai detto ma un giorno capirai.
Nell'amor le parole non contano,
conta la musica.

Roberto Benigni
di Cesare Garboli

Un paio di settimane fa una giornalista della «Stampa» mi ha rivolto delle domande su Roberto Benigni. In quale tipologia comica rientra? È un comico di tradizione? Come può essere classificato? Si può fare un parallelo con Woody Allen? E cosí via. Ma a un tratto mi ha chiesto: «Chi le ricorda?» Mi è venuto subito un nome alle labbra ma l'ho taciuto per due ragioni. Primo, non mi era facile spiegare che Benigni mi ricorda qualcuno che non ho mai visto recitare né mai ho conosciuto di persona. E in secondo luogo, la mia risposta avrebbe lasciato l'interlocutrice di sasso e sicuramente l'avrebbe delusa. Già mi vedevo costretto a una di quelle complicate spiegazioni didattiche che hanno sempre qualcosa di supponente.

Benigni mi ricorda Jean-Baptiste Lully, il fondatore dell'opera francese. Per ragioni di studio, mi capita spesso d'imbattermi in vicende che hanno attinenza con Lully e ogni volta che mi succede penso a Benigni. Lully è quasi sconosciuto in Italia, e ormai dimenticato in Francia. Ma la sua musica è straordinaria. Louis XIV aveva molte ragioni di amarla. La ascoltava instancabilmente, piú istancabilmente di quanto Proust non amasse ascoltare il quintetto di Franck. L'aria del sogno al terz'atto di *Atys*, la sinfonia «toute de basses et de tons si assoupissants» – diceva Mme de Sevigné – non hanno troppo da invidiare alla profondità e alla purezza di Gluck. Va da sé che non è questo il Lully che mi ricorda Benigni.

Ma Lully aveva innumerevoli volti. Era nato buffone, saltimbanco, suonatore ambulante, un fiorentinaccio che veniva dal popolo e dalle strade intorno al porto d'Ognissanti, dove le acque dell'Arno sollevavano le ruote dei mulini e il loro fragore era piú forte di ogni altro suono. Era figlio di un mugnaio, e gli avevano messo il nome del patrono di Firenze. Ma il gusto di recitare e cantare, di dimenarsi in pubblico l'aveva spinto in strada con la chitarra e il violino. Piccolo, nero di pelle, le labbra grosse e sporgenti, Giovanni Battista era posseduto da un dèmone spiritato. Aveva l'abitudine, come per troppa luce, di strizzare gli occhi un po' per principio di miopia e un po' per aiutarsi nella mimica. Sapeva usare il suo corpo come uno strumento disarticolato, pieghevole, capace di ogni espressione e insieme inseparabile da lui e dalla sua fame di vita. Recitava storie buffe e grottesche, ma si accompagnava col corpo e aveva imparato dai predicatori di piazza la capacità di sorprendere il pubblico, colpendolo nei punti piú nascosti e profondi.

Un giorno, di ritorno da Malta, passò per Firenze il chevalier de Guise – Roger de Lorraine – e si fermò a guardare uno spettacolo di strada. Non guardò gli Arlecchini e i Pantaloni. Vide e guardò Lully. Lo vide sproloquiare e ballare negli intermezzi tra una farsa e l'altra. Lo spiò mentre si riposava, il viso ancora infarinato. Gli mandò una borsa di denaro e se lo portò in Francia. Sua cugina, la Grande Mademoiselle, allora diciottenne, gli aveva chiesto un ragazzetto con il quale imparare l'italiano, la lingua del Cardinale. Durante il viaggio verso Parigi il ragazzetto deliziò il convoglio con smorfie e canzoni. Parlava, recitava, suonava, cantava, la sua vitalità non aveva pace e non trovava ostacoli.

Era già diventato Jean-Baptiste, un diavolo famigliare di cui non si può fare a meno, perché fa tutto ciò che non osiamo e non sappiamo fare noi. A Parigi il ragazzetto conquistò Louis XIV, ne sedusse i cortigiani, trovò ovunque protezioni e favori. Diventò il padrone assoluto della musica e dell'opera francese. Tutto gli riuscí facile. Era nato buffone, ma intuí le ambizioni di Louis XIV e gli serví una dopo l'altra delle portate sublimi, le «tragédies lyriques» che al re piacevano tanto, e la musica grave e severa del *Miserere* e del *Dies Irae*. Ma Lully non cessò mai di buffoneggiare.

In età avanzata, cessati ormai i piaceri della commedia, Louis XIV chiedeva ancora a Jean-Baptiste «le très cher» di recitargli la pantomima lubrica e feroce nella quale uno dei piú spettrali personaggi di Molière, Monsieur de Pourceaugnac, viene deriso e seviziato dagli *apothicaires*. Una scena che Lully e Molière avevano recitato insieme. A corte Lully aveva spesso interpretato parti di cantante buffo e si era dato un nome quasi da maschera adatto ai suoi vaniloqui: «il Signor Chiacchierone». Nella pantomima due canaglie italiane, travestite da medici, danzano col clistere in mano e cercano di penetrare Monsieur de Pourceaugnac cantandogli la strofetta: «Piglia-lo su, / Signor Monsú, // Piglia-lo, piglia-lo, piglia-lo su, // che non ti farà male, // Piglia-lo su questo servitiale; // Piglia-lo su, // Signor Monsú, // Piglia-lo, piglia-lo, piglia-lo su». Non solo il motivo della strofetta, cosí cantabile e cosí «italiana», era di Lully. Erano di Lully anche le parole. Erano di Lully i versetti italiani di tutta la pantomima: «Bon dí, bon dí, bon dí: / Non vi lasciate uccidere dal dolor malinconico», e il ritornello saturnino, «Altro non è pazzia / che malinconia». Il clistere, la siringa, «Piglia-lo, piglia-lo, piglia-lo su», la pazzia, la malinconia, e soprattutto le «postures» di Lully, travolgenti, spiritate (dicono le testimonianze), indiavolate, e, per cosí dire, da «corpo sciolto»: ecco che cosa mi ricorda Benigni.

La scatologia, il corpo e le funzioni del corpo, come agisce il corpo, che cosa pensa il corpo, quali relazioni, quali conflitti, quali discussioni ha il corpo col mondo, questo è per Benigni il regno del comico. Non si esce dalla fisiologia, non si esce dalle budella. I nostri pensieri hanno la stessa cecità delle nostre viscere. Disegnano lo stesso percorso acciambellato dei nostri intestini. Ma il nostro corpo si fa domande. Non può star fermo, si agita, vuole sapere e conoscere. La scatologia invade abusivamente le regioni alte, usurpa un recinto privilegiato, il palazzo della cultura. Le domande che si fa il corpo investono la religione e la politica, i due tormentoni, le idee fisse della comicità di Benigni: come è fatto il mondo, chi l'ha fatto (la religione) e come funziona (la politica). Sarebbe riduttivo e ingiusto riportare questa sindrome comica a un certo genere ormai codificato di satira da cabaret o da avanspettacolo. Benigni parte dal basso, e costruisce su bisogni elementari, con un'insistenza quasi manicomiale, una sua teologia fatta di stupori interrogativi, di sospetti di pensiero dove si riflette una pazza e vertiginosa corsa di idee in fuga. Benigni è un comico cieco come sono ciechi, nella loro intelligenza, gli animali. È cieco come un maiale o un somaro. A differenza dei comici illuminati, da cabaret di massa, come Dario Fo, o di grande acculturazione cosmopolita, come Woody Allen, Benigni non è mai «spiritoso», perché non parte mai dall'alto. Sta sempre *sotto* i suoi interlocutori, non sopra. Non parla dal pulpito, ma sgrana i suoi occhi da ciuco ispirato e stordito in mezzo alla folla che smuove le sedie nell'oscurità della chiesa. I suoi rapporti con la cultura sono fatti di *odi et amo*, di slancio, ma anche di sospetto. Fino a che punto la religione e la politica sono solidali coi bisogni del corpo? C'è da fidarsene? Aveva cominciato, venti anni fa, con un piccolo stupore che via via si è ingrandito, l'accento di Berlinguer. Dove cade? Berlínguer? Berlinguèr? È stata la cellula da cui è nata la sua galassia di sproloqui e di domande. E anche di risposte: «Il comunismo viene da sé, anche senza Berlinguer. Il comunismo è come prima di fassi la prima sega: si viene a letto da sé. Si fa: Dio bono, cosa mi è successo? Niente, o fanciullo, sei venuto. Quello che non funzionava, ora funziona».

Che cos'è la trasgressione?, si chiede Benigni. È come chiedere al contadino che cos'è la vanga. Il corpo viene prima di tutto. Sono i diritti del corpo, il primato del ventre a fare della comicità di Benigni un messaggio di trasgressione. Dove sono finiti i soldi di Craxi? Nelle mutande di Martelli. E dove sta il pisello del grassone, di Giuliano Ferrara? Dove sta il pisello, in tutta quella ciccia? È una domanda piú importante delle idee, di qualunque idea, piú importante perfino del «far ridere». È quasi una domanda drammatica. Il rapporto tra l'alto e il basso, tra i discorsi di tono elevato e il corpo di chi li fa è in Benigni la fonte di una comicità drammatica. «A me», dice Benigni, «le battute non fanno ridere, mi fanno ridere le facce. Le battute non fanno parte del mio stile. Se io dico al mi' babbo: "A tutto resisto fuorché alle tentazioni", si immalinconisce alla battuta, se gli faccio vedere uno che cade, lui ride. La comicità deve essere intestinale». Ma bisogna distinguere. Non si creda che l'appello quasi maniacale alle viscere faccia di Benigni un comico di stile popolare. Questa etichetta non gli si addice. Benigni non è una maschera. È un comico senza trucco. È un signore, e si presenta come un signore. Camicia bianca di seta e abito nerofumo dai riflessi cangianti. Benigni è una persona seria, non un guitto, anche se quella progressiva e devastante invasione di spiriti incontenibili che lo possiedono durante lo spettacolo gli trasforma il bell'abito scuro in un pigiama da manicomio e glielo fa cadere addosso al modo di Ridolini o di Groucho Marx (che è forse, nell'andatura con le ginocchia piegate fin quasi a terra, il solo comico che gli riconoscerei come modello).

Il fatto è che il nostro tempo ha rovesciato le funzioni. Comici, si sa, sono oggi le persone che ricoprono gli uffici piú gravi e piú seri. C'è qualcuno piú comico di un avvocato che esige una parcella di ventuno miliardi, non la dichiara al fisco, si mette in corsa per diventare ministro della Giustizia e starnazza se appena un magistrato lo interroga? Il mondo si è rovesciato. Le maschere e i guitti si trovano dove non devono stare; e i signori come Benigni, pazientemente, ci aiutano a decifrarne la strana giulleria. Subito dopo le elezioni del 21 aprile, mi è accaduto di assistere a uno show televisivo condotto da uno dei nostri abituali domatori, un presentatore un po' prete e un po' demiurgo dai passetti sincopati, il viso incipriato e il sorriso alieno e stampato piú di quello di Berlusconi. La trasmissione aveva un tema politico – la vittoria dell'Ulivo – con la celebrazione del 25 aprile abbinata allo spettacolo come la lotteria di Capodanno. C'erano tutti, direbbe il Benigni indimenticato recensore di film in uno spettacolo di Arbore, c'erano tutti i mezzibusti lupeschi e canini da cui speravamo che la vittoria dell'Ulivo ci avrebbe per sempre liberati come da un sortilegio e da un incubo. Ma no, eccoli lí, non piú ringhiosi e rissosi, ma buoni e scodinzolanti. Tutti a chiamarsi per nome, Michele, Emilio, Giuliano, Enrico, felici di chiamare per nome anche il nuovo capo: Walter, Walter, cosa farai, dicci che cosa farai, Walter, Walter, cosa farai. Dobbiamo cominciare a essere buoni o continuare a fare i cattivi? Grande alternativa. A un certo punto si è aperta una finestra gigante. Un inserto. Un filmato brevissimo, quasi un fotogramma. Si vedeva Benigni saltare e baciare in bocca Walter Veltroni, forse durante un comizio, e poi spianare la faccia in un largo sorriso irraccontabile. Un sorriso candido, colpevole, beffardo, spudorato, sfrontato, un sorriso dissacrante da contadino russo, e da vecchio toscano cinico e miscredente. Il sorriso di un saltimbanco, di un giullare autentico, che riscattava quel disgustevole lingua in bocca, quel rincorrersi bugiardo di Giuliani Emilii Micheli, quel teatrino di piccoli e miserabili buffi di varietà politico. Per quella strana contraddizione che è dei veri comici, il corpo di Benigni, dovunque arrivi, con la sua sola presenza, uccide perfino il teatro, e porta vitalità e verità.

31 maggio 1996

Indice

p. 3	In principio
7	Quando penso a Berlusconi
23	Lo sventrapapere
33	Ma chi l'ha fatto il mondo?
45	Ritratto di me stesso da cucciolo
55	Primo interludio. *Il Pantheon*
59	Il cinema è come il cocomero
67	Da Fucecchio a New Orleans. Il mio cinema
73	Telebenigni
75	La mia geografia. Misericordia e dintorni
81	Io e Schopenhauer
89	Cavallo pazzo! *Improvvisazione a Perugia, 1989*
101	Secondo interludio. *Hymn of the corp sciolt*
103	Tuttobenigni '96
153	*Roberto Benigni* di Cesare Garboli

Einaudi Tascabili
Pubblicazione settimanale, 5 agosto 1996
Direttore: Lorenzo Fazio
Direttore responsabile: Ernesto Franco
Registrazione presso il Tribunale di Torino, n. 4848 del 20.11.95
Stampato per conto della Casa editrice Einaudi
presso G. Canale & C., s.p.a., Borgaro (Torino)
Sesta edizione: ottobre 1996

C.L. 14184

Einaudi Tascabili
Ultimi volumi pubblicati:

258 De Filippo, *Cantata dei giorni dispari I*.
259 Ben Jelloun, *L'amicizia* (2ª ed.).
260 *Lettere dei condannati a morte della Resistenza europea*.
261 Stajano, *Un eroe borghese* (3ª ed.).
262 Spinella, *Memoria della Resistenza* (2ª ed.).
263 Foscolo, *Ultime lettere di Jacopo Ortis* (2ª ed.).
264 Schliemann, *La scoperta di Troia* (2ª ed.).
265 Dostoevskij, *Umiliati e offesi* (2ª ed.).
266 Ishiguro, *Un pallido orizzonte di colline* (2ª ed.).
267 Morante, *La Storia* (3ª ed.).
268 Romano (Lalla), *Maria* (2ª ed.).
269 Levi Pisetzky, *Il costume e la moda nella società italiana*.
270 Salmon, *Il Sannio e i Sanniti*.
271 Benjamin, *Angelus Novus. Saggi e frammenti* (2ª ed.).
272 Bolis, *Il mio granello di sabbia* (2ª ed.).
273 Matthiae, *Ebla. Un impero ritrovato* (2ª ed.).
274 Sanvitale, *Il figlio dell'Impero*.
275 Maupassant, *Racconti d'amore* (2ª ed.).
276 Céline, *Casse-pipe* (Serie bilingue).
277 *Racconti del sabato sera*.
278 Boiardo, *Orlando innamorato* (2 vol.).
279 Woolf, *A Room of One's Own* (Serie bilingue) (2ª ed.).
280 Hoffmann, *Il vaso d'oro*.
281 Bobbio, *Il futuro della democrazia* (2ª ed.).
282 Mancinelli, *I dodici abati di Challant. Il miracolo di santa Odilia. Gli occhi dell'imperatore* (2ª ed.).
283 Soriano, *La resa del leone*.
284 De Filippo, *Cantata dei giorni dispari II*.
285 Gobetti, *La Rivoluzione Liberale* (3ª ed.).
286 Wittkower, *Palladio e il palladianesimo*.
287 Sartre, *Il muro* (2ª ed.).
288 D'Annunzio, *Versi d'amore*.
289 D'Annunzio, *Alcione*.
290 Caldwell, *La via del tabacco*.
291 Tadini, *La tempesta*.
292 Morante, *L'isola di Arturo* (2ª ed.).
293 Pirandello, *L'esclusa*.
294 Voltaire, *Dizionario filosofico*.
295 Fenoglio, *Diciotto racconti*.
296 Hardy, *Tess dei d'Urberville*.
297 N. Ginzburg, *Famiglia*.
298 Stendhal, *La Certosa di Parma* (2ª ed.).
299 Yehoshua, *L'amante* (2ª ed.).
300 Beauvoir, *La forza delle cose*.
301 Ceram, *Civiltà sepolte* (2ª ed.).
302 Loy, *Le strade di polvere* (2ª ed.).
303 Piumini, *Lo stralisco*.
304 Rigoni, *Amore di confine*.
305 Rodinson, *Maometto*.
306 Biamonti, *L'angelo di Avrigue*.
307 Antonioni, *Quel bowling sul Tevere*.
308 Lodi, *Il paese sbagliato. Diario di un'esperienza didattica*.
309 Machiavelli, *Il Principe* (2ª ed.).
310 Seneca, *Dialoghi morali*.
311 Dickens, *Casa Desolata* (3ª ed.).
312 Saba, *Ernesto*.
313 Lawrence, *Donne innamorate*.
314 Pirro, *Celluloide*.
315 Ramondino, *Althénopis*.
316 Rodari, *I cinque libri*.
317 *I Nibelunghi* (2ª ed.).
318 Bobbio, *Stato, governo, società*.
319 La Fontaine, *Favole*.
320 Artusi, *La scienza in cucina e l'arte di mangiar bene*.
321 Romano (Lalla), *Una giovinezza inventata*.

322 De Filippo, *Cantata dei giorni dispari III.*
323 Hilberg, *La distruzione degli Ebrei d'Europa* (2 vol.).
324 Kafka, *Il processo* (Serie Scrittori tradotti da scrittori).
325 Queneau, *I fiori blu* (Serie Scrittori tradotti da scrittori)·(2ª ed.).
326 Gogol', *Racconti di Pietroburgo* (Serie Scrittori tradotti da scrittori).
327 James, *Giro di vite* (Serie Scrittori tradotti da scrittori).
328 Borges, *Finzioni* (1935-1944) (Serie Scrittori tradotti da scrittori) (2ª ed.).
329 Radiguet, *Il diavolo in corpo* (Serie Scrittori tradotti da scrittori).
330 De Felice, *Mussolini il rivoluzionario 1883-1920.*
331 De Felice, *Mussolini il fascista* I. *La conquista del potere 1921-1925.*
332 De Felice, *Mussolini il fascista* II. *L'organizzazione dello stato fascista 1925-1929.*
333 Hawthorne, *La lettera scarlatta* (3ª ed.).
334 Orengo, *Dogana d'amore.*
335 Vassalli, *Il Cigno.*
336 Böll, *Vai troppo spesso a Heidelberg.*
337 Maiello, *Storia del calendario.*
338 Cesare, *La guerra gallica.*
339 McEwan, *Lettera a Berlino.*
340 Schneider, *Le voci del mondo.*
341 De Felice, *Mussolini il duce* I. *Gli anni del consenso 1929-1936.*
342 De Felice, *Mussolini il duce* II. *Lo Stato totalitario 1936-1940.*
343 Cervantes, *La gitanilla* (Serie bilingue).
344 Dostoevskij, *Notti bianche* (Serie bilingue).
345 N. Ginzburg, *Tutti i nostri ieri.*
346 Breton, *Antologia dello humour nero.*
347 Maupassant, *Una vita* (Serie Scrittori tradotti da scrittori).
348 Pessoa, *Il marinaio* (Serie Scrittori tradotti da scrittori).
349 Stevenson, *Lo strano caso del Dr. Jekyll e del Sig. Hyde* (Serie Scrittori tradotti da scrittori).
350 London, *Il richiamo della foresta* (Serie Scrittori tradotti da scrittori).
351 Burgess, *Arancia meccanica.*
352 Byatt, *Angeli e insetti.*
353 Wittkower, *Nati sotto Saturno.*
354 Least Heat-Moon, *Prateria. Una mappa in profondità.*
355 Soriano, *Artisti, pazzi e criminali.*
356 Saramago, *L'anno della morte di Ricardo Reis.*
357 Le Goff, *La nascita del Purgatorio.*
358 Del Giudice, *Lo stadio di Wimbledon.*
359 Flaubert, *Bouvard e Pécuchet.*
360 Pinter, *Teatro* (Volume primo).
361 *Lettere al primo amore.*
362 Yehoshua, *Il signor Mani.*
363 Goethe, *Le affinità elettive.*
364 Maraini, *L'età del malessere.*
365 Maugham, *Racconti dei Mari del Sud.*
366 McCarthy, *Cavalli selvaggi.*
367 Antonelli, Delogu, De Luca, *Fuori tutti* (Stile libero).
368 Kerouac, Dylan, Ginsberg, Burroughs, Ferlinghetti e altri, *Battuti & beati. I Beat raccontati dai Beat* (Stile libero).
369 Norman X e Monique Z, *Norman e Monique. La storia segreta di un amore nato nel ciberspazio* (Stile libero).
370 Cerami, *Consigli a un giovane scrittore* (Stile libero).
371 Puig, *Il bacio della donna ragno.*
372 Purdy, *Rose e cenere.*
373 Benjamin, *Sull'hascisch.*
374 Levi, *I racconti.*
375 De Carlo, *Yucatan.*
376 Gandhi, *Teoria e pratica della non-violenza.*
377 Ellis, *Meno di zero.*
378 Ben Jelloun, *Lo scrivano.*
379 Hugo, *Notre-Dame de Paris.*
380 Thödol, *Libro dei morti tibetano.*

381 Mancinelli, *I tre cavalieri del Graal* (2ª ed.).
382 Roberto Benigni, *E l'alluce fu* (Stile libero). (6ª ed.).
383 Gibson, Ferret, Cadigan, Di Filippo, Sterling, Swanwick, Rucker e altri, *Cuori elettrici. Antologia essenziale del cyberpunk* (Stile libero).
384 Cortázar, *Bestiario*.
385 Frame, *Un angelo alla mia tavola* (2ª ed.).
386 L. Romano, *Le parole tra noi leggere*.
387 Fenoglio, *La paga del sabato*.
388 Maupassant, *Racconti di vita parigina*.
389 aa.vv., *Fantasmi di Terra, Aria, Fuoco e Acqua*. A cura di Malcolm Skey.
390 Queneau, *Pierrot amico mio*.
391 Magris, *Il mito absburgico* (2ª ed.).
392 Briggs, *Fiabe popolari inglesi*.
393 Bulgakov, *Il Maestro e Margherita*.
394 A. Gobetti, *Diario partigiano*.
395 De Felice, *Mussolini l'alleato 1940-43*.
   I. *Dalla guerra «breve» alla guerra lunga*.
396 De Felice, *Mussolini l'alleato 1940-43*.
   II. *Crisi e agonia del regime*.
397 James, *Racconti italiani*.
398 Lane, *I mercanti di Venezia*.
399 McEwan, *Primo amore, ultimi riti. Fra le lenzuola e altri racconti*.
400 aa.vv., *Gioventú cannibale* (Stile libero).
401 Verga, *I Malavoglia*.
402 O'Connors, *I veri credenti* (Stile libero) (2ª ed.).
403 Mutis, *La Neve dell'Ammiraglio*.
404 De Carlo, *Treno di panna*.
405 Mutis, *Ilona arriva con la pioggia*.
406 Rigoni Stern, *Arboreto salvatico*.
407 Poe, *I racconti*. Vol. I (Serie Scrittori tradotti da scrittori).
408 Poe, *I racconti*. Vol. II (Serie Scrittori tradotti da scrittori).
409 Poe, *I racconti*. Vol. III (Serie Scrittori tradotti da scrittori).
410 Pinter, *Teatro*. Vol. II.
411 Grahame, *Il vento nei salici*.
412 Ghosh, *Le linee d'ombra*.
413 Vojnovič, *Vita e straordinarie avventure del soldato Ivan Čonkin*.
414 Cerami, *La lepre*.
415 Cantarella, *I monaci di Cluny*.
416 Auster, *Il palazzo della luna*.
417 Antelme, *La specie umana*.
418 Yehoshua, *Cinque stagioni*.
419 Mutis, *Un bel morir*.
420 Fenoglio, *La malora*.
421 Gawronski, *Guida al volontariato*.
422 Banks, *La legge di Bone*.
423 Kafka, *Punizioni*.
424 Melville, *Benito Cereno*.
425 P. Levi, *La tregua*.
426 Revelli, *Il mondo dei vinti*.

BENIGNI
ALLUCE
6,EDIZ.-<E.T.>
EINAUDI-TORINO

(TO)   007828